Dans la même collection

Le plaisir des mots
Le livre de tous les pays
Le livre de la Bible
(Ancien et Nouveau Testaments)
Le livre de la mythologie grecque et romaine
Le livre des religions
Le livre des animaux sauvages

1 Le livre des fleurs
2 Le livre de la tour Eiffel
3 Le livre de la peinture et des peintres
4 Le livre des découvertes et des inventions
5 Le livre de l'hiver
6 Le livre de l'automne
7 Le livre du printemps
8 Le livre de l'été
9 Le livre des marins
10 Le livre de mon chat
11 Le livre de la montagne
12 Le livre du ciel
13 Le livre de tous mes amis
14 Le livre de tous les jours
15 Le livre du cheval
16 Le livre des chansons de France
17 Le livre de Paris (1/Naissance d'une capitale)
18 Le livre des premiers hommes
19 Le livre des costumes (La mode à travers les siècles)
20 Le livre des maisons du monde
21 Le livre des arbres
22 Le livre des oiseaux
23 Le livre des bords de mer
24 Le livre de la langue française
25 Le livre de l'histoire de France
26 Le livre de tous les Français
27 Le livre des trains
29 Deuxième livre des chansons de France (de France et d'ailleurs)
30 Le livre du fleuve
32 Le livre du corps
34 De bouche à oreille (Le livre des images de la langue française)
35 Troisième livre des chansons de France
36 Le livre des uniformes
37 Le livre des grands voiliers
38 Le livre des fous volants (Histoire de l'aviation/1)
39 Le livre de la forêt
40 Le livre des champignons
41 Le livre des conquérants (Découverte du monde/1)
42 Le livre du livre
43 Le livre du désert
47 Le livre des amphibiens et des reptiles
48 Le livre des as et des héros (Histoire de l'aviation/2)
49 Le livre du chien
50 Le livre des navigateurs (Découverte du monde/2)
51 Le livre du café
52 Le livre des instruments de musique
53 Le livre des costumes traditionnels
54 Le livre des pilotes de l'enfer (Histoire de l'aviation/3)
55 Le livre des mammifères marins
57 Le livre des explorateurs (Découverte du monde/3)
58 Le livre des animaux domestiques
60 Le livre des insectes
62 Le livre de la préhistoire (2/L'âge de la pierre polie)

1er dépôt légal: Septembre 1989
Dépôt légal: Octobre 1991
Numéro d'édition: 53564
ISBN 2-07-039556-1
Imprimé par la Editoriale Libraria en Italie

Illustrations : E. Bogaert 176-181. P. Bontemps 148-153. F. Clément 12-13; 58-59; 134-135; 198-199; 226-229. M. Héron 34-35; 42-43; 46. G. Houbre 126-129; 132-133. D. Moignot 24-25; 38-39; 46-47; 52-53; 80-81; 90-91; 234-235; 246-247. S. Pérols 20-23; 26-27; 34-35; 48-49; 64-73; 90; 256-259. J.-Y. Poirier 8-9; 18-19. J.-M. Poissenot 14-17; 30-33; 82-87; 104-115; 248-249. J. Prunier 116-117. C. Ripoll 200-209; 230-237. C. Rivière 88-89; 100-103; 238-241; 242-245. P. Robin 92-99; 166-175; 210-225; 252-255. Saladin 80-81. J.-C. Senée 28-29; 36-37; 40-41; 44-45; 50-51; 54-57. E. Souppart 6-7; 10-11; 118-125; 130-131; 136-147; 154-159. V. Stetten 160-165; 200-201; 250-251. D.Thibault 182-197;

LE LIVRE DES RELIGIONS

COLLECTION DECOUVERTE CADET

Paul Balta, Jean Bottéro, Catherine Chadefaud,
Charles Chauvin, Sophie Denis, François-Xavier Dillmann,
Henri Fesquet, Louis Frédéric, Charles Gendron,
Edouard Gourévitch, Pierre Grimal, Jean Guiart,
Jean-Olivier Héron, Clarisse Herrenschmidt,
Philippe Jacquin, Jacqueline Kelen, Nicole Maillard,
Jean-Pierre Mohen, Susan Monzon, Eric Navet, Claude Rivière,
Harmut O.Rotermund, Philippe Schlemmer, Marie-Joseph Stève,
Christian Troubé, Denis Vialou, Vladimir Vodoff,
Hyacinthe Vulliez, Wang Chia-Yu, Slimane Zéghidour.

Illustrations
Elisabeth Bogaert, Paul Bontemps, Frédéric Clément,
Manne Héron, Gilbert Houbre, Pierre de Hugo,
Daniel Moignot, Sylvaine Pérols, Jean-Yves Poirier,
Jean-Marie Poissenot, Jame's Prunier, Catherine Ripoll,
Christian Rivière, Pascal Robin, Saladin, Jean-Claude Senée,
Etienne Souppart, Valérie Stetten, Dominique Thibault.

Coordination
Jacqueline Vallon

GALLIMARD

Hymne au Soleil

Tu te lèves bellement dans l'horizon du ciel, ô disque vivant qui ordonne la vie. Tandis que tu apparais dans l'horizon oriental, après avoir empli le pays tout entier de ta perfection, tu es beau, grand, étincelant, élevé au-dessus de la terre en toute son étendue. Tes rayons enveloppent les pays jusqu'à la limite de tout ce que tu as créé. Tu es Rê, et tu rapproches leurs extrémités, tu les lies pour ton fils bien-aimé. Tu es lointain, mais tes rayons sont sur la terre ; tu es dans les regards, et l'on peut contempler ton voyage. Mais lorsque tu te couches dans l'horizon de l'Occident, le pays est dans les ténèbres, comme mort ; les hommes sont allongés dans leurs chambres, recouverts d'un linge, et chaque œil ne voit même plus son compagnon. (...) *Chaque lion sort de sa tanière, tous les serpents piquent, car la nuit est pour eux le temps de la lumière. La terre est dans le silence, car son créateur est en son horizon. Quand blanchit la terre alors que tu apparais radieux en l'horizon, tu étincelles, ô Aton, comme le jour. Tu repousses la nuit, tu donnes tes rayons et le Double Pays est en liesse.* (Ceux qui dormaient) *s'éveillent, se dressent sur leurs pieds, tandis que de leurs mains ils louent et acclament ta radieuse apparition ; et le pays entier accomplit ses travaux. Les animaux de toute espèce se reposent sur leurs pâtures ; les arbres et les plantes reverdissent ; les oiseaux volettent dans leurs nids.* (...) *Toux ceux qui courent sur leurs pieds, depuis que tu as fondé la terre, tu les élèves pour ton fils, issu de ton corps, le roi de la Haute et de la Basse Egypte,* (...) *le fils de Rê,* (...) *Akhenaton à la longue durée de vie, et pour la grande épouse royale, sa bien-aimée, la maîtresse du Double Pays* (...) *Nefertiti.*

Hymne du règne d'Akhenaton
(Egypte, première moitié du XIVe siècle av. J.-C.)

Ce livre appartient à

....

Les religions dans l'histoire

- 30000 : Culte de la déesse-mère
- 10000 : polythéisme et animisme

- 3000 : Invention de l'écriture à Sumer
- 2400 : Egypte pharaonique : mégalithes en Europe du Nord (Stonehenge)

- 2000 : Civilisation crétoise
- 1700 : Empire babylonien

- 500-400 : Age d'or grec
- 27 : Empire romain
28-29 : Crucifixion de Jésus de Nazareth

70 : Destruction du temple de Jérusalem

300 : Civilisation maya
315 : L'empereur romain Constantin se convertit au christianisme

V. 500 : Disparition de la religion celtique

1100-1300 : Construction des cathédrales en Europe
1200 : Religion maorie (Océanie)

1200 : Civilisation inca (site de Machupicchu)
1229 : Inquisition

XVe s.: Européens en Afrique (traite des Noirs)
Premiers dalaï-lamas au Tibet

XIXe s. : Missionnaires chrétiens en Afrique
1905 : Séparation de l'Eglise et de l'Etat en France

1917 : Révolution bolchévique en Russie. Triomphe du marxisme
1933 : Nazisme en Allemagne. Début de l'extermination des juifs

1947 : Gandhi. Indépendance de l'Inde

Dieu peut placer sa puissance
en un million de formes.
Any, scribe égyptien, v. 1650 av. J-C.

- 1500 : Religion védique en Inde
- 1300 : Apparition du monothéisme, Moïse
- 1000 : Civilisation olmèque au Mexique
- 850-780 : Homère *(l'Iliade et l'Odyssée)*
- 700 : Zarathoustra, en Perse
- 490 : Lao Tseu (Chine), fondateur du taoïsme.
- 536-480 : Le Bouddha (Inde)
- 550 : Confucius, en Chine

570-632 : Mahomet
700 : Conquête arabe en Afrique et en Espagne
962 : Saint Empire germanique
1100 : Royaume khmer, construction d'Anghor-Vat
1100 : Civilisation aztèque
1056 : Début des croisades

1453 : Chute de Constantinople, capitale de la chrétienté d'Orient
1520 : Luther rompt avec Rome
1539 : Schisme de l'Eglise anglicane
1562-1593 : Guerres de religions en France
1793 : Révolution française, culte de la déesse Raison

1962 : Le pape Jean XXIII ouvre le concile Vatican II
1966 : En Chine, Mao lance la Révolution culturelle
1979 : L'iman Khomeiny instaure la République islamique en Iran
1988 : Jean-Paul II réunit les responsables des grandes religions

Les religions dans le monde

Catholicisme
Protestantisme
Orthodoxie
Judaïsme
Islam
Hindouisme
Bouddhisme
Animisme
Syncrétisme chinois
(bouddhisme, confucianisme, taoïsme)
Syncrétisme japonais
(bouddhisme, shintô)
Orthodoxie et marxisme
Catholicisme et marxisme

LE DÉCOR

L'essentiel est invisible pour les yeux,
dit le Petit Prince. De même, le véritable paysage des religions est complètement invisible. Aussi invisible que la pensée, l'amour, la peur... Dans ce *Livre des religions,* nous allons voir comment celles-ci s'efforcent de manifester des présences invisibles en paroles, en images ou en cérémonies. Mais voici d'abord quelques notions utiles à l'exploration de cet univers.

Toutes les religions se rejoignent au sommet de la pyramide de Dieu.
Teilhard de Chardin

La religion devrait unir tous les cœurs et faire disparaître les guerres et les dissensions de la surface de la terre, faire naître la spiritualité et donner vie et lumière à chaque âme.
Abdu'l-Baha, un des fondateurs de la religion baha'ie (Fin du XIXe s.)

Qu'est-ce qu'une religion ?

Un *nœud de paille,* telle serait l'origine du mot *religion.* Plus exactement, ces liens de paille *(religio)* utilisés par le bâtisseur de ponts, le *pontife*, ou chef des prêtres, pour relier entre elles les poutres d'un pont. Permettre de franchir les rivières à pied sec demandait en effet l'intervention d'un prêtre très puissant si l'on voulait éviter de contrarier les dieux.

Ces nœuds de paille deviennent des chaînes de fer quand des chefs utilisent le sentiment religieux de leurs sujets comme instrument de leur pouvoir. En gouvernant au nom de Dieu, en tuant au nom de Dieu, en défendant l'honneur de leur dieu, les religions ont souvent servi de prétexte à des ambitions politiques.

Une origine mystérieuse

Pour l'auteur latin Cicéron, *religion* viendrait de *religio* qui signifie *scrupule.* Il s'appliquerait à ceux qui rassemblent scrupuleusement les choses concernant le culte des dieux.

Mais il est bien tentant de penser que le mot religion vient de *religare,* verbe latin qui signifie *relier.* Relier, par exemple, le monde visible au monde invisible où résident les puissances mystérieuses dont il faut s'assurer les

Les religions apportent des réponses aux grandes questions que se pose l'homme. Toutes proposent des mythes expliquant l'origine du monde. Ci-dessous : la création du monde selon la Bible, d'après un manuscrit du XIVe s.

Le chaos primordial ou *Tohu-Bohu.*

La création du firmament

La création de la flore...

... des astres, des animaux, de l'homme.

bonnes grâces. Relier les hommes entre eux à l'intérieur d'un même groupe en leur proposant des lois et des valeurs communes. Relier le présent au passé en rappelant les traditions, les récits des commencements, les hauts faits des ancêtres. Relier enfin l'homme à ce qui l'entoure en répondant par des contes, des mythes, des récits, des poèmes aux questions éternelles : *D'où vient le monde? Pourquoi l'innocent souffre-t-il?* Voilà pourquoi on aime à penser que *religion* vient de *relier,* même si ce mot peut également venir de *nœud de paille* ou de *scrupule.*

Cependant, avant ce travail de relation, la première fonction des religions semble être de désigner ce qu'on ne peut ni voir, ni toucher, ni entendre : relier, en somme, visible et invisible.

Cérémonie bouddhiste en Occident.
En rassemblant des hommes et des femmes autour de croyances en des principes supérieurs, les religions forment des sociétés plus ou moins hiérarchisées.
Ces principes supérieurs peuvent être des dieux ou un seul dieu, mais aussi des idées, des vertus, le souvenir d'êtres disparus, des idéaux, etc. Car il existe, nous le verrons, des religions sans Dieu ni dieux.

La réponse à la question fondamentale du sens de la vie ne peut prendre qu'une forme religieuse.
André Malraux

Qu'y a-t-il après la mort? La religion offre aux Egyptiens de l'Antiquité des rites très élaborés qui assurent leur survie dans l'au-delà. Ainsi, chaque Egyptien se soucie de la construction d'une tombe et de la protection de son corps par la *momification,* c'est-à-dire l'embaumement.

Il est fou celui qui regarde le doigt
qui lui montre la lune.
Proverbe chinois

L'encens et la lumière, qui mobilisent subtilement les sens, accompagnent les rituels les plus divers, que ce soient ceux de l'ancienne Mésopotamie ou ceux des hindous bouddhistes, chrétiens, juifs... d'aujourd'hui.

Tout au long de ce livre, nous allons faire comme le fou du proverbe chinois qui regarde ce qui montre et non ce qu'on veut lui montrer. En effet, nous allons observer les religions qui finalement n'existent que pour désigner quelque chose d'*autre*. Mais ce qu'elles désignent étant invisible, il ne nous reste plus qu'à observer comment elles désignent l'invisible, comment elles le célèbrent et lui prêtent leur voix, autrement dit, les signes qu'elles utilisent.

Qu'est-ce qu'un signe?

Ecrire le signe +, c'est tracer un dessin qu'on traduit par le son *plus,* qui est lui-même signe sonore d'une idée d'addition. Ainsi, le son *plus* et le signe + sont deux représentations *sensibles* (qui s'adressent aux sens) d'une idée qui existe sans aucune réalité sensible.

La danse est, pour les Africains, l'expression privilégiée de la vie, laquelle est, chez eux, spontanément religieuse.

Il est impossible de voir, d'entendre, de comprendre, de transmettre une idée sans d'abord l'exprimer au moyen d'un signe quelconque. Voilà pourquoi les religions, qui traitent de réalités non sensibles, ont recours à des moyens sensibles pour les rendre perceptibles et accessibles : symboles, gestes, parfums, musiques, objets, aliments...

En donnant des apparences à l'invisible, les religions apprivoisent l'inconnu, allègent le poids du mystère et offrent à l'homme des occasions de rencontrer cette invisible présence qu'il devine parfois au plus profond de lui-même et très loin hors de lui.

Musicien égyptien célébrant sur sa harpe le dieu soleil Râ.
(D'après une stèle du Xe s. av. J.-C.)

La cloche, faite de tous les sons, est très chère au dieu des dieux. Faire retentir une cloche apporte autant de mérites que dix millions de sacrifices.
Skanda-Purana, II, 6

La musique, comme tous les autres arts, est à l'origine religieuse. Les arts et techniques de l'homme sont considérés dans de nombreuses religions comme des dons divins.

Il est d'usage de faire sonner une cloche en entrant dans un temple hindou. C'est une façon d'éloigner les forces mauvaises, mais aussi d'*éveiller* l'attention du dieu.

Qu'est-ce que le sacré ?

Dire d'une chose qu'elle est sacrée, c'est reconnaître en elle le signe de principes supérieurs capables d'inspirer un respect absolu. Elle devient, par là, différente, séparée des choses de même nature par une sorte de dignité qui la revêt. Une nature *autre* l'imprègne.

Ainsi, le crocodile sacré qui, dans l'Egypte des Pharaons, nage paresseusement dans l'étang sacré du temple de Crocodilopolis n'est en rien différent de ses frères du Nil, à ceci près qu'on reconnaît en lui le représentant du soleil... ce qui, évidemment, le

Profane vient du latin *pro fanum,* qui signifie *devant l'enceinte consacrée, hors du temple.*

Les statues des gardiens de temples bouddhiques, au Japon, rappellent par leur aspect terrifiant les obstacles à franchir pour accéder à l'espace sacré ultime qu'est le *Nirvana,* la béatitude.

Offrandes au dieu du Nil, Sobek. Bas-relief du XIe s.av. J.-C.

un réseau de comportements et de signes convenus : les *rites*. Ils prennent le relais de ce qui était, à l'origine, spontané ou improvisé : des pleureuses reproduisent le chagrin lors des enterrements, de grandes liturgies font revivre, pour les chrétiens, le dernier repas du Christ avec ses disciples... Les rites sont la mémoire collective de la communauté et jouent ainsi un rôle d'initiation, de transmission, d'éducation des générations nouvelles.

Dans leur déroulement, les rites utilisent des ingrédients symboliques - encens, huile, beurre, eau... – des objets, des statues, ce qui parfois entraîne une confusion entre ces signes et ce qu'ils représentent. Ainsi naissent les idoles, ces images qu'on adore comme si elles étaient la divinité elle-même.

Profession de foi, chez les chrétiens catholiques : le vêtement, le cierge, tout le rituel concourent à rendre plus sensibles les engagements prononcés.

La liturgie est un hommage public adressé à une divinité ou à un saint personnage. Elle traduit la prière collective au moyen de gestes, de lectures, de chants, de symboles et de mouvements rituels.

A Pékin, les empereurs célébraient les cultes saisonniers dans le temple du Ciel; dans l'enceinte de ce temple, construit au XVe s., une pagode (ci-contre) abritait les textes sacrés utilisés pour les cultes.

La fête

Qu'elle soit grave ou joyeuse, sobre ou débridée, la fête ouvre une brèche dans la vie quotidienne, une sorte de porte dans le cours du temps par où l'homme accède à quelque chose qui ne meurt ni

De nombreuses traditions représentent la vie dans l'au-delà comme une fête perpétuelle. Ci-dessus, les Huit Immortels taoïstes (p. 234) sont des sages qui ont rejoint l'éternité.

Les masques sont fréquemment utilisés lors des danses sacrées. Ils permettent aux danseurs de s'identifier à des divinités, qu'ils rendent présentes. Les moines bouddhistes du Tibet et du Bhoutan font ainsi revivre des épisodes de leur histoire religieuse.

La danse masquée, chez les Dogons, est souvent liée aux funérailles. Elle offre aux défunts un spectacle du monde qu'ils ont quitté.

L'Eternel dit : «N'approche pas d'ici, enlève tes sandales de tes pieds, car le lieu sur lequel tu te tiens debout est une terre sainte. (...) Moïse se voila la face, car il craignait de regarder vers l'Eternel.
Exode, III, 2-6

rend unique entre tous les crocodiles du monde qui, eux, demeurent des crocodiles *profanes*.

On voit, par cet exemple, qu'en affectant aux principes supérieurs un domaine séparé, le sacré permet à l'homme de disposer d'un espace qui lui est propre : le profane.

Caractère chinois représentant le centre de l'espace sacré, dans un temple taoïste.

Pendentif de Charlemagne renfermant des reliques. Posséder, porter sur soi ou vénérer des reliques (objets,ossements... ayant appartenu à un saint) a valeur de protection. C'est une présence concrète du sacré.

Cependant, la présence de signes sacrés dans le cours de sa vie profane procure à l'homme des repères, des absolus auxquels il peut se référer, des valeurs qui l'obligent à se dépasser. Chacun, de ce fait, se sent obligé de donner le meilleur de soi-même pour ce qui lui semble sacré : sa patrie, sa liberté, ses droits, ses amours, ses croyances, la défense de ses idées...

Fidèles se prosternant devant Mahomet, d'après une miniature du XVIIe s. Le prophète d'Allah ne peut être représenté que voilé, spécialement dans la tradition chiite. Car ce qui est saint ou sacré appartient à un monde *autre*, séparé.

Les dieux

Avec un petit *d* et la possibilité d'un pluriel, un dieu est un être surnaturel doué de pouvoir sur l'homme et possédant des fonctions particulières. On peut dire aussi qu'un dieu est une réponse personnifiée à une question qui n'en a pas d'autre possible à une époque donnée : Pourquoi le tonnerre et l'éclair ? Parce que Zeus gronde et foudroie,

Ci-contre, le dieu Assour (Mésopotamie) envoie la pluie sur la terre, assurant ainsi la fertilité, source de vie.

Le dieu hindou Shiva et son épouse Parvati (son énergie créatrice). Il est la création et la destruction en vue d'une nouvelle création. Il est ici représenté avec cinq têtes (correspondant à ses cinq aspects) et dix bras (indiquant les dix directions de l'espace), chacun tenant un attribut qui symbolise les pouvoirs du dieu. Un troisième œil sur le front est le signe de la Connaissance parfaite. (D'après une peinture du XVIIe s.)

Il est l'Indivisible
et Il est l'Un,
mais semble
Se diviser en
formes et en
créatures, et
apparaît comme
chacune des existences
distinctes. Toutes choses
éternellement naissent de
Lui, sont maintenues en
Son éternité, éternellement
reprises en Son unité.
Bhagavad-Gîtâ, XIII, 17

Le dieu hindou Sourya est le Soleil. Il parcourt le ciel dans son char tiré par sept chevaux ou par un cheval à sept têtes. Tout hindou commence la journée en l'invoquant. (D'après une miniature du XVIIIe s.)

pensent les Grecs de l'Antiquité! Pourquoi la violence et la mort dans le monde? Parce que Shiva s'y déchaîne, diront les hindous. Qui est responsable de la fertilité des champs ? Pour les Cananéens, ce seront les Baals, bien sûr! Mais d'autres diraient la déesse-mère, le dragon ou la chèvre sacrée...

Cependant, *personnifié* ne veut pas dire absurde ou mensonger. Les dieux sont une façon de dire que la nature, les sentiments et les choses de la vie entretiennent des rapports avec une réalité invisible qui dépasse l'homme. On désigne en eux des responsables de l'ordre ou du désordre du monde.

Ainsi, la nature et l'existence humaine se trouvent imprégnées de divin par la présence de ces protecteurs dont on pourra se concilier la puissance par des actes appropriés (les rites). Chacun d'eux peut, en effet, devenir un ennemi, jaloux et rancunier, si l'on néglige de s'en faire un allié.

Shoualuo, appelé encore *le Vieil Homme du pôle sud,* détermine la durée de la vie de chacun, selon la mythologie chinoise.

Qui est Dieu?

L'Arche est, pour le peuple d'Israël, signe de la présence de Dieu.

Les noms de Dieu
Donner un nom, c'est affirmer un droit sur ce que l'on nomme. L'homme ne peut donc pas nommer Dieu. La Bible le désigne par quatre consonnes (p. 141) et de nombreux qualificatifs : le Très-Haut, l'Eternel, le Seigneur, le Tout-Puissant...

Dieu au singulier, avec un *D* majuscule, c'est le *Tout Autre,* celui qu'on ne peut-nommer ni même concevoir. Il est une question bien plus qu'une réponse.

L'homme vit dans le temps; il ne peut pas plus se représenter celui qui vit hors du temps qu'un enfant dans le ventre de sa mère ne peut imaginer le visage de celle-ci. Or, dit la Bible, ce *Tout Autre* s'est fait connaître à un homme, Abraham, l'*ami de Dieu,* et à travers sa descendance, il a scellé avec l'humanité une alliance d'amour réciproque.

Cette découverte d'un dieu unique débarrasse l'univers du croyant des dieux et démons ombrageux qui le peuplaient. Le croyant monothéiste entre en relation avec son dieu librement et par amour. Par cette relation, le peuple juif apprendra, à travers les événements de son histoire, à connaître ce Dieu, mais aussi l'homme. Découverte toujours en cours pour la descendance d'Abraham : juifs, chrétiens, musulmans.

Les chrétiens catholiques, les seuls à représenter Dieu, l'évoquent souvent par une main sortant des nuages; ici, elle saisit celle du Christ, Dieu et homme, image visible du Père : *Qui me voit voit le Père.*
Evangile de Jean, XIV, 9
(D'après une enluminure du IXe s.)

Comme le judaïsme, l'islam ne représente pas Dieu. Mahomet, son prophète, en présence d'Allah, est montré entouré de lumière.

Pour les chrétiens, Dieu est un en trois personnes : Père, Fils et Esprit; un peu comme la source, le cours d'eau et l'embouchure d'un fleuve renvoient à la même et unique réalité : le fleuve.

Le monothéisme désigne la croyance en un Dieu unique.

Dieu régnant sur le monde et l'univers. (Manuscrit du XVe s.)

Qu'est-ce qu'un croyant ?

Le croyant est celui qui adhère au contenu d'une religion; autrement dit, quelqu'un qui accepte pour vraies des propositions invérifiables concernant des choses qu'on ne peut ni voir, ni entendre, ni sentir, ni toucher. Et cela au point de rendre un culte à d'improbables divinités, de se plier à des règles de conduite, voire de tuer ou de se faire tuer pour elles. Si, pendant des milliers d'années, croire allait de soi pour l'immense majorité des hommes, la science semble aujourd'hui contredire très souvent le discours religieux.

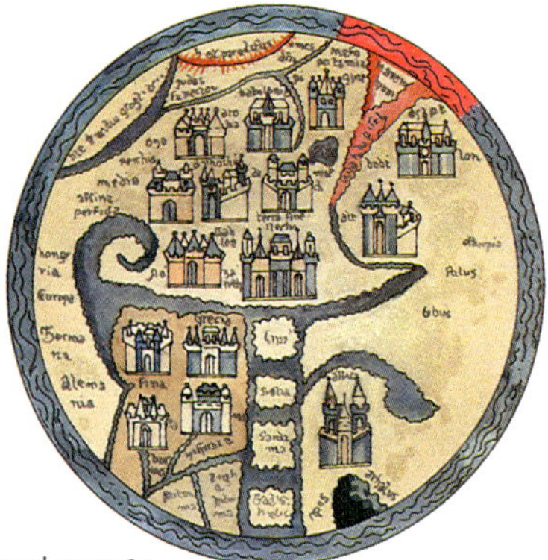

Jusqu'au XIVe s., l'Occident chrétien a représenté le monde selon sa seule vision religieuse, avec au centre Jérusalem.

Religion et science
Pour un Egyptien de l'Antiquité, le responsable de la fertilité des sols est *Osiris*. Aujourd'hui, il dirait *les engrais,* mais il remercierait Osiris d'en avoir inspiré la découverte aux savants.

La philosophie s'intéresse aussi à ces réalités invisibles que sont les causes premières, le fondement des valeurs, etc., mais elle se limite au domaine de la raison.

Le Bouddha fit quatre rencontres (vieillard, malade, mort, ascète) qui le décidèrent à rechercher un remède à tous les maux. Pour tout bouddhiste, c'est la méditation sur les limites de l'existence qui incite à suivre la voie du Bouddha.

Pour le croyant, il n'en est rien. Les découvertes scientifiqucs ne sont qu'un aspect de la réalité. L'univers est comme la page d'un livre dont on peut arpenter les lignes, étudier les caractères, analyser l'encre et le papier. Mais au-delà de ces choses visibles et tangibles, il y a le sens du texte. Pour le croyant, tout a un sens; il suffit de savoir le lire. C'est ce qu'enseignent les religions, par l'intermédiaire de ces déchiffreurs de la réalité que sont les prophètes, sages, saints, gourous, sorciers, chamanes, devins, poètes, mages...

Dans la tradition chrétienne, l'apôtre Thomas ne croit au Christ ressuscité que quand il peut voir et toucher ses plaies. (Sculpture du XIe s.) *Jésus lui dit : Parce que tu me vois, tu crois. Heureux ceux qui croient sans voir.* Evangile de Jean, XX, 29

Voyant le Christ marcher sur l'eau, Pierre, son disciple, veut aller à sa rencontre, mais il a peur : *Jésus lui tendit la main et lui dit : Homme de peu de foi, pourquoi as-tu douté?* Evangile de Matthieu, XIV, 31

La prière

Au commencement de toute prière, pour le musulman : affirmer, debout, qu'Allah est le plus grand. (D'après une miniature du XVIe s.)

Les religions ne se contentent pas d'apporter des réponses aux questions que les hommes se sont toujours posées sur l'origine et le sens de la vie. Elles ne se contentent pas non plus de dire ce qui est bien ou mal.

Elles prennent en compte les peurs de l'homme devant l'inconnu ainsi que son besoin d'aimer et d'être aimé. Elles répondent à son désir d'absolu, à ses rêves de paix, d'harmonie et de joie, à son besoin d'être consolé quelquefois et à son envie de remercier quelqu'un pour les beautés du monde.

La prière est une conversation de l'intelligence avec Dieu (...) Celui qui aime Dieu converse sans cesse avec lui comme avec un Père (...)
C'est lorsque tu seras parvenu, dans ta prière, au-dessus de toute autre joie qu'enfin, en toute vérité, tu auras trouvé la prière.

Evagre le Pontique, chrétien du IVe s.

Les postures de la prière varient selon les traditions et les époques.

Grec de l'Antiquité

Bouddhiste du Ladakh

Musulman

Egyptienne de l'Antiquité

Orant (personnage en prière) représenté dans une catacombe romaine. (IIIe s.)

C'est dans ces aspirations très diverses que la prière trouve sa source pour se tourner vers une *présence*, en vue d'un échange. Celui qui prie offre et reçoit. Il offre des louanges, des demandes, des remerciements ou la simple contemplation, l'adoration paisible. Il emploie pour prier des mots, des chants ou le silence; des gestes ou l'immobilité; il a parfois recours à des objets, des parfums, des lumières ou d'autres symboles. En échange, il reçoit – ou pense recevoir – toutes sortes de bénédictions. Les liens ainsi tissés entre le visible et l'invisible concourent, dans son esprit, à son bien propre ainsi qu'à l'harmonie du monde.

L'extase est l'état de celui qui semble emporté hors de lui-même et comme captivé par ce qu'il contemple ou invoque. Elle peut s'accompagner de phénomènes extraordinaires qui, s'ils étaient vérifiés, nous rappelleraient simplement les limites de ce que nous savons des lois de la nature en général et de l'homme en particulier.

Moine orthodoxe priant à l'aide d'un chapelet. Chrétiens (d'Orient, surtout), bouddhistes, hindous et musulmans utilisent cet objet afin de mieux se concentrer, l'égrenant au fur et à mesure qu'ils répètent de courtes prières, (en général, le nom de Dieu).

Chrétien

Bouddhiste tibétain

Bouddhiste

Musulman

Qu'est-ce qu'un rite ?

Les rites d'ablutions prennent des formes différentes selon les religions, mais ils existent dans la plupart d'entre elles. Ci-dessus, dans l'islam. (Selon une miniature du XVe s.)

Si quelqu'un déclarait son amour en offrant un bouquet, un seul pétale d'une fleur de ce bouquet entre les pages d'un livre pourrait représenter, cinquante ans plus tard, cet amour tout entier. Mais pour celui qui en ignorerait la signification, ce ne serait qu'un pétale fané.

En religion, comme en amour, tout le problème est de durer quand la ferveur des commencements s'émousse : de même qu'ouvrir le livre à la page du pétale peut raviver le souvenir de l'émotion première, un geste, un texte, un objet peuvent servir d'introduction et de support au culte, de tremplin à la prière.

Ainsi s'est édifié, au fil du temps, tout

En Mongolie, des amoncellements de pierres signalent certains endroits où il est bon d'offrir un cheval en sacrifice ou toute autre pratique afin de se concilier les esprits.

ne passe. Voilà pourquoi les religions, qui cherchent précisément à mettre l'homme en relation avec ce *quelque chose*, ne ratent jamais l'occasion d'une fête : pleine lune, solstices, pluie, soleil, semailles, moisson, naissance, mariage, mort, guerre, paix, commémorations diverses, tout est prétexte à fête. En attendant la fête éternelle que les religions nous promettent dans l'au-delà.

Célèbre la fête de ton dieu, recommence chaque fois que le temps en est venu. Dieu est en colère si on le néglige. (...) Les chants, les danses, l'encens sont sa nourriture et recevoir ceux qui se prosternent devant lui voilà sa richesse. Dieu magnifiera le nom de qui agit ainsi, et l'homme en sera comme ivre.

Enseignement égyptien, XVIe s.av.J.-C.

Les fêtes hindoues sont innombrables, comme les dieux. Elles sont riches en couleurs : danses, musiques, masques, processions d'immenses chars promenant les statues des divinités, escortées d'éléphants caparaçonnés et d'une foule de pèlerins.

Toute fête religieuse (...) consiste dans la réactualisation d'un événement sacré qui a eu lieu dans un passé mythique, au commencement.
Mircea Eliade

Bestiaire sacré

Dans la mythologie hindoue, les divinités ont pour véhicules des animaux qui les symbolisent. Ainsi, l'oiseau Garouda est la monture de Vishnou, ou de ses incarnations: ici, Krishna, en compagnie de Râdhâ. Ce *roi des oiseaux* est l'ennemi des Nâga, les divinités des Eaux. Il est *la parole volante,* symbole des textes sacrés des *Veda* (p. 202).

Parce que le buffle semble toujours plongé dans des méditations profondes, parce que la vache, l'une des nourrices de l'humanité, entoure ses veaux de soins attentifs, parce que l'homme prête volontiers aux animaux ses qualités et ses défauts, il a d'abord donné à ses divinités l'apparence de l'animal qui évoquait le mieux les notions qu'elles représentaient.

C'est ainsi, par exemple, que l'intérêt du chacal pour les cadavres qu'il déterre en fera, pour les Egyptiens du IVe millénaire av. J.-C., le gardien des tombeaux sous le nom d'Anubis. Dans le même temps, le bélier prolifique prêtera

Imdougoud, aigle à tête de lion, dieu de la Tempête en Mésopotamie (p. 64), est entouré de deux cerfs, symboles de fertilité. (Portail de temple, près d'Our)

Le dragon est souvent représenté comme gardien de trésors ou de lieux sacrés. Il symbolise donc les obstacles à surmonter pour atteindre ceux-ci.

son apparence à Khnoum, dieu égyptien de la création.

Puis, au cours des siècles, comme s'il découvrait sa propre valeur, l'homme humanisera les représentations de ses dieux, ne laissant à l'animalité que ce qu'il faut pour permettre leur identification : Hathor, la tendre vache, déesse de l'Amour et de la Naissance, se verra ainsi dotée d'un corps et d'une tête de femme, mais elle conservera ses cornes. Anubis, Thot et Khnoum, quant à eux, garderont leurs têtes d'animaux sur leur nouveau corps d'homme.

La colombe incarne, dans la tradition juive, la pureté, l'espoir, la paix. Pour les chrétiens, elle est aussi symbole de l'Esprit saint.
Il vit les cieux se déchirer et l'Esprit, comme une colombe, descendre sur lui.
Evangile de Marc, 1, 9-11

La vache est associée à la terre, mère nourricière (p. 43). Elle possède encore cette dimension sacrée en Inde :
La Vache est le Ciel, la Vache est la Terre ; (...) *en elle réside l'ordre divin, et la Sainteté.* (...) *C'est tout ce que contemple le Soleil.*
Atharva Veda

L'herbier des dieux

Le lotus et la rose
La perfection divine,
l'accomplissement.

Le papyrus
L'univers,
la connaissance.

L'héliothrope
Le soleil, la prière
la contemplation,.

Le laurier
L'immortalité,
la divination.

Le palmier-dattier
l'arbre de vie,
le Juste.

L'acacia
L'initiation,
la connaissance.

Le chêne
La force,
la sagesse,
l'axe du monde.

Le figuier
La fécondité,
la connaissance.

L'olivier
La paix,
la fécondité, la victoire.

Le chrysanthème
Le soleil, la perfection, l'immortalité.

La vigne
L'arbre de vie, la renaissance.

Le banian
La puissance, la vie.

Le gui
La régénération, l'immortalité.

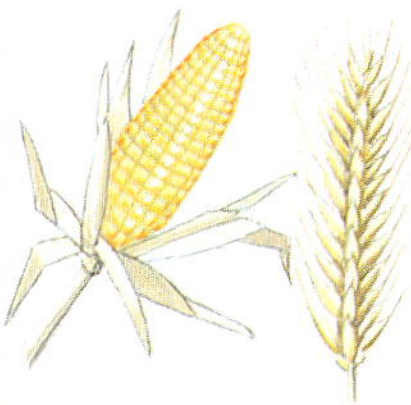

Le maïs et le blé
Le don de la vie, la prospérité.

Le cyprès, le pin
L'immortalité.

Sanctuaire naturel, la forêt est un lieu de purification et de rencontre avec le surnaturel.

L'arbre est le lien entre les mondes souterrain et céleste.
Arbres, éternels efforts de la terre / pour parler au ciel qui l'écoute.
Rabindranath Tagore

L'arbre qui plante ses racines dans les régions inférieures du sous-sol, ce froid séjour des morts, pour s'élancer vers le ciel et déployer ses rameaux et ses feuilles dans la lumière, au vent qui passe; la fleur qui s'ouvre et qui se fane pour donner son fruit; l'herbe et ses graines nourricières; les plantes qui guérissent, celles qui tuent, celles qui parfument et celles qui donnent des visions : le règne végétal tout entier dit à l'homme quelque chose du divin qui le crée. Aussi les plantes jouent-elles un grand rôle dans les récits et les rites, du gui sacré qui pousse sans jamais toucher terre aux lotus de la béatitude.

Les messagers

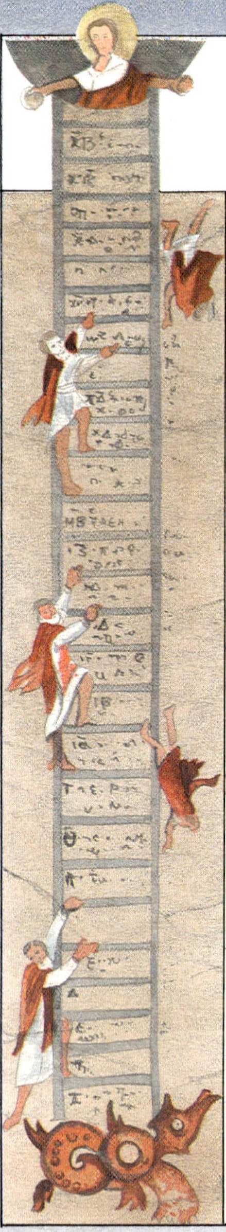

Entre l'invisible qu'elles désignent et l'ici-bas où elles résident, les religions ne cessent de lancer des amarres, de dresser des échelles, d'édifier des ponts en forme d'arcs-en-ciel, en un mot, d'établir des voies de communication.

Il (Jacob) *eut un songe : voilà qu'une échelle était plantée en terre et que son sommet atteignait le ciel. Des anges de Dieu y montaient et descendaient.*

Genèse, XXVIII, 12

Ces échelles, ces arbres magiques, ces montagnes sacrées, ces ascenseurs mystiques que sont le char de feu du prophète juif Elie, les sandales ailées du dieu grec Hermès, l'ange de Dieu ou la jument de Mahomet, tous disent que l'espace qui sépare l'homme du sacré peut être franchi.

Entre le sacré et le profane, les religions ont établi des hiérarchies intermédiaires qui, montant de la terre ou descendant des cieux, finissent par se rejoindre à la façon des stalagmites et des stalactites. Les colonnes ainsi formées assurent l'équilibre du monde.

Ceux qui montent de la terre ont pour base le peuple et pour sommet le roi, souvent considéré comme un dieu vivant. Entre ces extrêmes, une foule

Le chemin qui conduit au monde des dieux, que chacun veut rejoindre après la mort, est souvent représenté par une échelle. Seuls les initiés ou les *Justes* peuvent la gravir, les autres sont précipités en bas.

Charon, le dieu grec nocher des Enfers, fait passer aux morts le fleuve qui les conduira dans l'*hadès*, leur nouveau séjour. (D'après J. Patinir, XVIe s.)

Bouddha est représenté descendant une échelle pour venir enseigner la voie du salut. (Sculpture indienne des IIe-Ve s.)

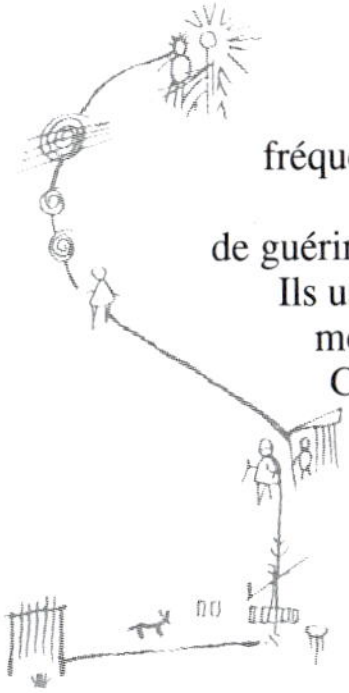

Les chamanes ou *sorciers* font de fréquents voyages chez les dieux, allant quérir les moyens de guérir ou de rassurer les hommes. Ils usent, pour cela, de différents moyens : la drogue, la danse... Chez les Altaïs de Sibérie, ils prennent pour véhicule l'âme d'un cheval sacrifié et passent par plusieurs épreuves pour parvenir jusqu'au dieu qu'ils vont interroger ou supplier.

de prêtres ou de prophètes, d'inspirés, de sages, et autres initiés…

Allah a envoyé à ses créatures un Messager pour les guider vers Lui et ce Messager a laissé, après sa mort, des successeurs pour le remplacer dans son travail de guide vers Allah. Al-Ghazâli

Côté céleste, selon les religions, le divin se décline en dieux et déesses, en démons et messagers, sans compter ces milliers d'intercesseurs et intermédiaires que sont les saints, les bienheureux, les martyrs et la foule innombrable des ancêtres *tutélaires* (protecteurs).

Des souverains fondent leur pouvoir sur une filiation divine. Ainsi Hiro-Hito, mort en 1989, était le 124e empereur-dieu du Japon.

L'arc-en-ciel apparaît souvent comme une manifestation divine, un pont ouvrant l'accès au monde céleste. Il est aussi le soleil et la pluie réunis, promesse de fertilité.

Qu'est-ce qu'un prêtre ?

Prêtre (ou guerrier?) maya, d'après une sculpture du VIIe s. Sa coiffure de plumes et de fleurs indique son lien avec le dieu des prêtres Quetzalcoatl (p. 113).

Prêtre mésopotamien (Bas-relief du VIIIe s. av. J.-C.).

Dans les sociétés archaïques, toutes les activités humaines relèvent du domaine religieux. Au point qu'il n'y a pas de mot pour désigner la religion : tout est religieux ! Dès lors, les prêtres, ou ceux qui en tiennent lieu, jouent un rôle capital auprès du pouvoir : ils sont conseillers, intendants et savants, guérisseurs, magiciens, devins... Rôle qui décroît au fur et à mesure que les sciences, les arts et les techniques s'affranchissent de la tutelle religieuse.

Aujourd'hui, de nombreuses religions ne se reconnaissent pas de prêtres consacrés, mais dans toutes les cultures, des hommes et des femmes en remplissent pourtant les fonctions.

Quelles sont ces fonctions?

Un prêtre est d'abord un médiateur. Situé aux frontières des réalités visible et invisible, il représente à la fois les *puissances supérieures* auprès des hommes, et les hommes devant les *puissances supérieures*. En tant que serviteur du divin, il est ministre du culte, interprète de la loi, gardien de la tradition. Serviteur des hommes, il présente aux dieux les louanges, demandes et offrandes des fidèles; il intercède pour eux, *passeur d'âmes* entre la terre des vivants et l'au-delà.

Jésus de Nazareth et Moïse, prêtres par excellence du christianisme et du judaïsme. (Enluminure médiévale)

Rare aujourd'hui, la fête chrétienne des Rogations se déroulait pendant les trois jours qui précèdent l'Ascension. Son but était d'attirer la bénédiction divine sur les *fruits de la terre et du travail des hommes*. Ci-dessus : bénédiction des blés par un prêtre catholique, d'après une peinture du XIXe s.

Le serpent Arc-en-ciel, animal mythique du nord de l'Australie, joue un rôle essentiel dans la fécondité et la fertilité. Il est souvent représenté peint sur des écorces.

La vie de l'homme dépend de la fécondité de sa mère, la nature. Or il suffit d'un rien, d'une grêle, d'un coup de froid sur les fleurs du printemps, d'une pluie qui tarde à venir, d'un vol de sauterelles pour que la disette s'installe avec mort des troupeaux et des hommes.

Gudéa, roi de Mésopotamie, dit au *vase jaillissant,* symbole de la fertilité.

Dès lors, le premier devoir des religions dites *primitives* est d'obtenir des maîtres de la vie le maintien de la fertilité des sols, de la vitalité des plantes, de la prolificité des animaux, de la fécondité des femmes et de la puissance des hommes, glorifiés dans leur descendance. En un mot, la première fonction des religions est la défense et l'exaltation de la vie.

C'est dire l'importance des rites de fécondité... On comprend mieux, dès lors, la prolifération des représentations sexuelles dans les religions primitives, de la déesse-mère, dotée de multiples mamelles, aux phallus de céramique que les femmes grecques plantaient dans les champs et arrosaient comme des plantes. Prostituées sacrées, offrandes, sacrifices sanglants destinés à revitaliser

Les rites de fécondité

le soleil et la terre : l'imagination des religions est sans bornes dans l'acharnement à stimuler l'activité créatrice des

Deux triangles renversés et imbriqués forment un symbole de fertilité très répandu dans l'Antiquité. Il survit dans l'hindouisme et le judaïsme, dont il est un emblème sous le nom d'*étoile de David.*

dieux. On comprend aussi l'attention particulière qu'elles accordent aux rites de la puberté, cette *saison* de l'homme où le garçon devient capable de féconder et la jeune fille d'être fécondée : rites d'initiation où s'expriment la mort de l'enfant et la naissance de l'adulte...

Aujourd'hui, les cérémonies du mariage et, à certains endroits, des fêtes telles que les *Rogations* peuvent être considérées comme l'ultime prolongement de pratiques immémoriales.

Les cornes de bovidés sont associées à la lune, symbole de fertilité, à la force vitale de la terre-mère, à la grande déesse de la Fécondité. Leur représentaion est très fréquente.

Taureau crétois.

La déesse-vache égyptienne Hathor.

Elément architectural des palais crétois.

La mort et l'au-delà

Pleureuses de l'Egypte ancienne.

L'homme sait qu'il doit mourir, et parce qu'il le sait, il tente d'apprivoiser ce qu'il ne pourra éviter. Les religions l'y aident, avant, pendant et après l'ultime passage.

Avant, en racontant à l'homme ce qui l'attend au-delà du passage : pour certaines, un aller-retour (réincarnation), pour d'autres, un aller simple vers une nouvelle forme de vie et, pour les religions issues de la Bible, l'attente d'une résurrection finale.

Pendant le passage, les prêtres, ou ceux qui en tiennent lieu, présentent la défense du défunt au tribunal de l'au-delà et rendent honneur à son corps.

Après le passage, les rites du deuil s'efforcent de rétablir ceux qui restent dans le cours de la vie normale.

En Indonésie, les Torajas placent les effigies de leurs morts devant les sépultures, creusées dans la falaise.

Les rites religieux qui entourent le cadavre honorent le défunt en luttant contre le pourrissement de son corps, soit en dissimulant celui-ci (linceul, sarcophage, cercueil), soit en le momifiant (embaumement, cryogénisation), soit en le détruisant (incinération, dévoration, immersion).

Page de gauche : L'au-delà, d'après le peintre flamand Jérôme Bosch (XVe s.).

La résurrection du Christ est, pour les Chrétiens, promesse et assurance de leur propre résurrection. (D'après une fresque du XIIIe s)

Les lieux sacrés

Les Hittites (p. 88) vénéraient un dieu des Eléments et un dieu-montagne. (Stèle du XIIIe s. av. J.-C.)

Le Gange, le fleuve le plus sacré de l'Inde, est la déesse Gangâ, descendue des cieux pour purifier les êtres. Afin d'éviter que ses eaux ne pulvérisent la terre, Shiva les reçut dans son chignon. (Gouache du XVIIIe s.)

Les lieux naturels

Il existe entre les mondes visible et invisible un grand nombre de points de rencontre (p. 38) où l'homme pense pouvoir établir une communication privilégiée avec les forces qui l'entourent. C'est le cas de certains lieux.

La montagne d'abord, élan de la terre vers le ciel qui, lui-même, semble parfois descendre à sa rencontre sous forme de nuées. Gravir une montagne, c'est quitter le monde ordinaire, profane, pour monter vers les régions supérieures et les êtres invisibles qui les peuplent.

Le volcan est à la fois ouverture sur les régions inférieures (les enfers, le séjour des morts) et marche-pied des puissances célestes.

La mer, à l'égal des dieux, peut donner et reprendre la vie. Aller en mer, c'est naviguer entre vie et mort.

Il y a les vivants, les morts
et ceux qui s'en vont sur la mer.

Hérodote

Grecs et Romains offraient en sacrifice à la mer des taureaux et des chevaux. Plus près de nous, le doge de Venise, le jour de l'Ascension, lançait son anneau d'or au large en signe de l'alliance de sa ville avec la mer.

Le fleuve nourricier est le corps d'un dieu et ses débordements peuvent être bénédiction (le Nil) et expression de sa colère (les déluges).

Le désert confronte l'homme au silence, à la soif et à la solitude. Celui-ci y fait l'expérience de sa fragilité et y chemine avec son dieu.

Le désert met l'homme face à lui-même et à son dieu.

Rocher sacré, en Birmanie, recouvert de feuilles d'or, lieu de prière et de pèlerinage pour les bouddhistes.

Rochers aux formes étranges, grands arbres isolés, pierres à foudre, lacs, sources, cavernes, bois mystérieux... Tout ce qui, dans la nature, est remarquable ou insolite semble témoigner d'une intention particulière des divinités créatrices.

Montagnes, gestes désespérés de la terre devant l'inaccessible.

Rabindranath Tagore

Le banian, avec ses nombreuses racines aériennes, est à lui seul une forêt, peuplée d'esprits, image de la puissance et de l'immortalité.

La Loi

La roue symbolise la loi bouddhique ou *dharma*. Lorsque le Bouddha commença à prêcher, il mit en branle cette roue.

Que celui qui désire faire son salut et être compté parmi les élus vénère toujours la sainte Loi en souvenir des préceptes du Bouddha.

Samyuttanikâya, I, 4

L'homme dépend, pour sa subsistance, sa sécurité, son équilibre, du groupe dont il fait partie. Or, ce qui fait l'unité de cette communauté, c'est la loi. C'est elle qui veille à l'harmonie entre l'existence individuelle et la collectivité. La loi est le mode d'emploi de la vie.

On peut dire qu'elle est le chemin de la vie, puisqu'elle dit ce qui tue et ce qui fait vivre. Ce qui tue, c'est le chaos, le dérèglement, la folie; ce qui fait vivre, c'est ce qui développe ou sauvegarde le meilleur de l'homme en l'homme : assurer la vie est donc la base de la loi.

Pour les religions, la vie et son mode d'emploi ont une même origine divine. Les religions disent donc la loi au nom de Dieu ou des dieux. Dans les sociétés traditionnelles, cette loi divine règle tout : alimentation,vie sociale, cultes, etc. Elle est aussi code civil et fixe le châtiment des rebelles.

Transgresser la loi, c'est s'exposer à un châtiment dans l'au-delà, après la mort. Pour les chrétiens, c'est l'enfer. Ici, saint Michel et Satan pèsent les âmes des défunts.

Faire obstacle aux lois, c'est ouvrir le passage à la violence.
Ptahhotep, Egyptien du IIIe millénaire

Chaque religion se veut un chemin qui mène à Dieu. Chacune donne à ses adeptes des préceptes (ou lois) pour qu'ils progressent sur ce chemin. Dans le bouddhisme, l'esprit (symbolisé ci-contre par l'éléphant) doit se débarrasser des passions de ce monde (le singe et le lièvre) pour atteindre la libération ultime. (D'après une fresque d'un monastère tibétain)

Au fil du temps, les domaines spirituels et temporels se sont séparés. La liberté de pensée est apparue, la société ne dépend plus du pouvoir religieux, elle s'est *laïcisée*. Cependant, de nos jours encore, des Etats sont gouvernés au nom de Dieu. Ce sont des *théocraties*.

Pourtant, comme c'est toujours au nom de valeurs supérieures que les hommes se donnent des lois, la Loi reste toujours, d'une certaine façon, *religieuse* et *sacrée*.

Obéissez aux autorités en place. Car toute autorité vient de Dieu et celles qui existent sont constituées par Dieu.
Lettre de Paul aux Romains, XIII, 1

Le tabou. Le pangolin (ci-contre) est un vrai désordre vivant : quatre pattes et des écailles de poisson, une façon de pondre des œufs et d'allaiter ses petits. Inclassable, il est déclaré *tabou, hors-la-loi,* par les Lele du Congo. De même, le cadavre qui devient informe, l'inceste, qui désorganise la famille,... sont tabous Le tabou, c'est l'interdit pour cause de confusion.

Le bien et le mal

L'ange Gabriel, dans la tradition musulmane, s'appelle *Jibril*. Les bons anges sont au service de Dieu, les anges déchus se sont ralliés à Satan.

Parmi les questions éternelles auxquelles les religions s'efforcent de répondre, celles qui touchent à l'existence du mal sont particulièrement lancinantes : si le bonheur donne son sens à la vie, d'où vient cette puissance mauvaise qui paraît s'acharner à le détruire? Et pourquoi?

Pourquoi le mal physique, la maladie, la souffrance et la mort? Est-ce une punition? Mais alors pourquoi l'innocent souffre-t-il? Pourquoi nous-mêmes faisons-nous souffrir quelquefois? Le mal est-il en nous? Pour tout dire, l'étendue des malheurs se révèle parfois si vaste qu'il semble qu'un dieu-cauchemar travaille à la ruine du monde, en nous et hors de nous. Et, en effet, parmi les plus anciennes réponses à la question du mal, on trouve des récits de l'extermination des hommes par les dieux (le Déluge, par exemple). Il faut alors les apaiser par des rituels (p. 32).

Du Xe au XIIIe s., les croisades furent une guerre sainte menée par le monde chrétien contre les Infidèles, considérés comme le mal.

Le mal, dans la Bible, c'est Satan; en hébreu, l'*Adversaire;* en grec, le *Diable*.

Mais il existe d'autres réponses au scandale du mal et de la faute. Le Bouddha invitera les hommes à déraciner en eux le désir, où il voit l'origine de leurs souffrances. Pour les juifs, le malheur fait partie de la pédagogie divine : Dieu le permet en vue de la conversion intérieure qui conduit au bonheur. Réponses très diverses, mais qui, toutes, proposent des solutions... ou des alliés : pour les chrétiens, par exemple, Dieu a sauvé le monde par son fils, Jésus, qui a vaincu le mal et la mort.

Peintes sur le sable par les Indiens Navajos, ces images font partie d'un rituel de guérison. L'enfant malade entre en contact avec le dieu qui chassera les esprits mauvais.

Le bouc émissaire, chez les Hébreux, était rituellement chargé des péchés du peuple et envoyé dans le désert; la communauté était ainsi *régénérée*. Chez les Hittites, en période d'épidémie, un bouc était conduit, chargé de la maladie, chez les dieux étrangers pour les apaiser.

Ces pictogrammes (dessins symboliques) sont tracés par les Dogons sur des parois rocheuses. Leur sens est révélé aux initiés lors des cérémonies de passage à l'âge adulte.

Le *labyrinthe des intestins*, d'après un bas-relief mésopotamien. Les circonvolutions de l'intestin, image de l'univers, étaient interprétées par les devins lors des sacrifices. Symbole de l'ordre et du chaos, du chemin qui mène à la connaissance, le labyrinthe est au cœur de nombreuses traditions. Notre *jeu de l'oie* en est l'héritier.

L'*ésotérisme* (du grec *esôterikos, de l'intérieur)* désigne un savoir donné oralement à des personnes qualifiées, *initiées.*

Ce que les religions désignent étant invisible, silencieux, en un mot, mystérieux, la fascination est inévitable. Certaines traditions se sont fondées sur ce mystère, déclarant que la vérité est cachée à l'intelligence du plus grand nombre comme un noyau à l'intérieur du fruit et qu'elle doit rester secrète, en signe de respect, pour n'être révélée qu'à une élite d'initiés.

Ainsi, dans l'Antiquité gréco-romaine les cultes dits *à mystères*, dédiés à Isis, Cybèle, Dionysos, Déméter... La plupart des religions possèdent un ou plusieurs courants secrets, plus ou moins forts selon les époques : dans le judaïsme, la *Cabale;* dans l'islam, le *soufisme;* dans l'hindouisme et le bouddhisme, le *tantrisme...*

Pour eux, la connaissance est réservée aux *meilleurs,* c'est-à-dire à ceux qui y aspirent et doivent subir une série d'épreuves, *d'initiations,* pour recevoir du maître ce qu'il a lui-même reçu.

Cette recherche de la vérité constitue le versant *lumineux* de la fascination exercée par le mystère. Le versant obscur se nomme *occultisme* et magie; ses pratiques s'adressent aux forces des ténèbres et fondent leur pouvoir sur la peur. Elles jouent un grand rôle dans les sociétés, ou les mentalités, archaïques. La meilleure protection contre ces pratiques reste de ne pas y croire.

Le mystère

La religion est l'expérience du mystère; elle se réalise quand le sentiment s'ouvre aux impressions de la réalité éternelle qui apparaît à travers le voile du temporel.

Rudolph Otto

Dans l'Antiquité, les religions *à mystères* (du grec *mustês, initié)* sont fondées sur des doctrines dévoilées aux seuls initiés, c'est-à-dire à des adeptes ayant été admis, par certains rites, dans ces religions.
Ainsi, les cultes d'Eleusis, en Grèce, ou d'Isis, à Rome.

Cet Etre caché par qui se manifeste toute création, c'est Lui que je désire.

Roumi, mystique musulman du XIIIe s.

Rouleau magique éthiopien (de 242 sur 21 cm), réalisé au XVIIIe s., représentant un démon. De telles peintures sont des *talismans :* elles sont chargées d'une présence invisible protectrice, capable d'exorciser le mal et de guérir.

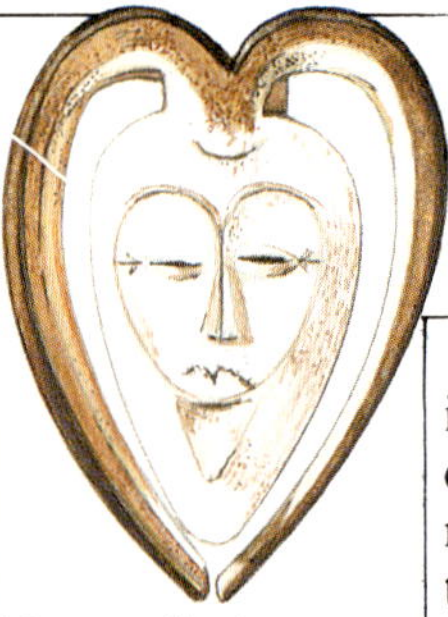

Masque africain cherchant à représenter la beauté idéale de l'homme. Dans une conception religieuse, l'homme se réalise pleinement dans sa rencontre avec Dieu, quel que soit le nom qu'il lui donne.

Prêtre de Mésopotamie priant une divinité.

Qu'est-ce qu'un mystique ?

On ne saurait conclure ce rapide inventaire des éléments qui forment le décor des religions sans évoquer l'expérience mystique, l'une des sources toujours vivantes des phénomènes religieux.

Les religions se fondent et se renouvellent, toujours et partout, sur la rencontre que font des hommes avec une personne divine ou une vérité, rencontre qui oriente leurs sentiments, leurs pensées, leurs actions, toute leur existence. Cette relation affective définit le mysticisme.

Comme toujours lorsqu'il s'agit de sentiment, l'émotion précède la raison. Mais très vite, l'intelligence s'efforce de donner à celui qui aime (et redoute) toutes les raisons qu'il a d'aimer (et de craindre).

Cette rencontre s'accompagne parfois de phénomènes *anormaux* et extravagants qui heurtent la raison : lévitation (élévation dans les airs), visions, états extatiques divers...

Ceci dit, à ne retenir que les aspects spectaculaires du mysticisme, on risquerait d'oublier que l'union du

Transe et possession
Dans l'animisme et dans certaines religions dites primitives, l'expérience mystique prend parfois la forme de la possession. Tout se passe alors comme si un être surnaturel empruntait momentanément le corps et l'esprit d'un sujet, lequel est dit *en transe*.

Homme ou dieu?
Les hommes prêtent souvent aux dieux des traits humains. Ainsi, cette statuette, trouvée dans une tombe mégalithique (p. 63) en Espagne, est une des premières représentations du visage humain. Gravée dans l'albâtre au IIIe millénaire, elle figure probablement une idole. Le mystique, quant à lui, s'efforce de s'approcher toujours plus de son dieu et de lui ressembler.

Le pèlerin hindou Sudama, errant à la recherche de la sagesse suprême, approche du but : la Cité d'or du dieu Khrishna. (D'après une miniature indienne du XVIIIe s.)

Quand il s'en va
vers l'océan à la
recherche de la perle,
il est lui-même perle,
et même une perle
unique.
Roumi, mystique musulman, XIIIe s.

simple croyant avec son Dieu peut être une expérience à la fois aussi normale et aussi extraordinaire que la rencontre amoureuse.

L'âme et Dieu y jouissent l'un de l'autre
dans un immense silence. (...) *C'est*
à cela que tendent les noces spirituelles :
donner naissance à des œuvres (actions),
des œuvres, toujours des œuvres.
Thérèse d'Avila, mystique chrétienne, XVIe s.

Que le yogin pratique continuellement
l'union avec le Moi. (...)
C'est l'union divine. (...)
Alors descend sur le yogin, suprême,
sans tache, sans passion,
la béatitude de l'âme qui est
devenue le Brahman.
La Baghavad-Gîtâ, VI
(texte sacré hindou)

Mystique musulman en prière au creux d'un arbre qui symbolise la connaissance des mystères divins. (D'après une miniature persane du XVIe s.)

LES RELIGIONS DISPARUES

O Viracocha, Seigneur de l'Univers,
Faiseur de tous les hommes,
Maître de la beauté du monde
Qui a tout créé en disant :
«Que soit l'homme, que soit la femme
Et tous les fruits de la terre.»
Miséricordieux Viracocha, grand sans mesure,
Qui fait merveille et des choses jamais vues,
Multiplie les gens. Pour toujours
Garde et tiens dans tes mains
Ceux à qui tu donnas la vie.
Qui es-tu? Où es-tu?
Mes yeux défaillent de l'envie de te voir,
Dans le monde d'en haut, dans le monde d'en bas?
Dans les nuages? dans les ombres?
Je te cherche. (...)
Toujours jeune sois-tu!
Ecoute ma voix, je t'appelle,
Réponds-moi, choisis-moi, parle enfin!
Ne permets pas que je me lasse,
Que je meure!

Hymne au dieu inca Viracocha

La préhistoire

Paléolithique
1500000 : apparition de l'*Homo habilis*
500000 : le feu est maîtrisé
150000 : premiers *Homo sapiens*
70000 : premiers rites funéraires
40000 : Cro-Magnon. Premières incisions sur os
30000 : figurines sculptées
25000 : parois peintes et gravées
10000 : arcs et flèches

Néolithique
9000 : premières domestications au Proche-Orient
8000 : première ville connue (Jéricho). Apparition de cultures de céréales au Proche-Orient et en Amérique
6000 : l'agriculture remplace la chasse (Europe)

Age du cuivre
4800 : premiers mégalithes (p. 62)
4000 : bateaux égyptiens (Méditerranée)
3500 : invention de la roue (Sumer)
Chevaux domestiqués (sud de la Russie)
Première écriture (Proche-Orient)

Tête de femme de 3,60 cm, sculptée dans l'ivoire de mammouth il y a environ 22000 ans. Elle a été trouvée à Brassempouy, dans les Landes.

Deux séries de vestiges témoignent que depuis 80000 ans environ les hommes ont eu des activités et des pensées tournées vers l'au-delà : ce sont les images et les statuettes, les sépultures et les monuments funéraires.

On connaît une bonne quarantaine de sépultures faites par les hommes de la civilisation moustérienne de l'Europe au Moyen-Orient, entre 80000 et 40000 ans avant nous. Dans une des sépultures de Shanidar, en Irak, un jeune enfant fut enterré, voici plus de 50000 ans, sur un lit de fleurs, entre mai et juillet selon l'analyse qui fut faite de leurs pollens.

On a retrouvé à peu près deux fois plus de squelettes enterrés pendant la dernière période glaciaire en Europe, entre 40000 et 10000 ans, par des hommes préhistoriques très semblables à nous, les hommes de Cro-Magnon.

Certaines grottes sont ornées de peintures et gravures préhistoriques comme celle de Lascaux, en Dordogne, qui remontent à 17000 ans. Ces animaux silencieux, puissants comme les bisons, rapides comme les chevaux, craints comme les ours et les félins, peut-être

Squelette de la fin du paléolithique, portant des traces d'ocre, découvert dans la Gironde. Creuser une fosse, en couvrir le fond d'ocre rouge, y déposer des offrandes (pattes de bison, ramures de cerf, perles, fleurs, armes, outils de silex et d'os...) évoquent des rites sacrés proches de ce que les hommes font encore, partout dans le monde.

admirés et convoités comme les mammouth et les rhinocéros laineux, pourchassés comme les rennes en troupeaux, voisinent parfois avec d'étranges figures humaines, des *sorciers* ou des chasseurs déguisés : l'animal, source de vie pour l'homme, paraît dominer son monde, ses rêves et ses croyances.

Scène énigmatique peinte à Lascaux , il y a environ 17500 ans : un homme a été renversé par un bison, qui est lui-même blessé.

Les statuettes féminines en pierre et en ivoire montrent que la Mère était vénérée et à travers elle la vie qu'elle reçoit et transmet. Cette *Vénus* d'environ 22000 ans a

été trouvée en Autriche.

La civilisation des mégalithes

Il y a quatre à six mille ans, d'énormes blocs de pierre, appelés *mégalithes,* ont été dressés ou aménagés les uns sur les autres par les premières sociétés rurales. Ils constituaient des sanctuaires où étaient déposés et honorés les personnages vénérables, ou ancêtres, des premiers villages sédentaires.

On compte encore de nos jours plusieurs centaines de ces pierres. C'est en Europe de l'Ouest qu'on trouve les plus anciens de ces monuments sacrés et probablement les plus spectaculaires : dans la péninsule Ibérique, en France, dans les îles Britanniques, en Allemagne du Nord et au Danemark.

Certaines de ces pierres, disposées en tables, ou *dolmens,* sont des tombeaux, protégés par une masse de pierrailles, appelée *tumulus,* entourée de murs.

Stèle de Saint-Sernin, dans l'Aveyron, représentant une femme très stylisée, avec ses seins et un collier, appelée *déesse-mère.* Le mystère de la fécondité est au cœur des préoccupations des hommes dans ce monde agricole débutant.

Un couloir creusé dans le tumulus donne accès au sépulcre. On y a découvert des ossements humains et des offrandes : vases, haches polies, pointes de flèches, bijoux...

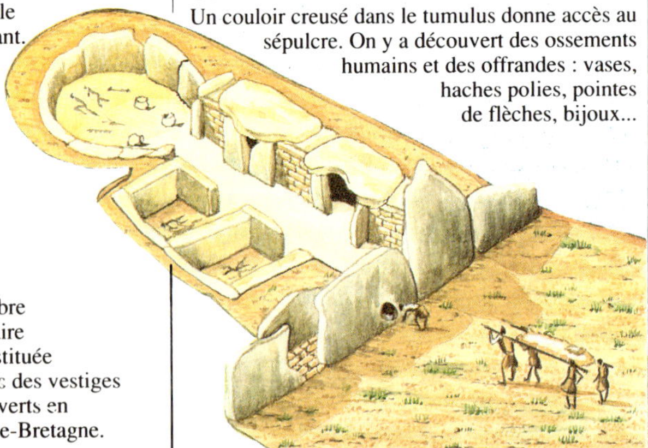

Chambre funéraire reconstituée d'après des vestiges découverts en Grande-Bretagne.

La chambre funéraire est parfois décorée de figures de déesses-mères – images de la fertilité – et de dessins de haches polies, d'arcs, de crosses, symboles du pouvoir masculin. D'autres motifs semblent désigner les forces naturelles : le soleil, la lune, l'eau, le vent, la terre.

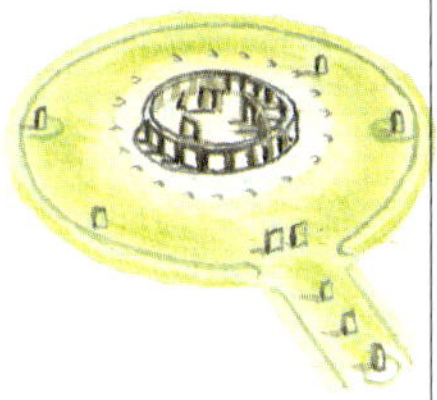

A Stonehenge, au sud de Londres, un cercle de pierres dressées est orienté de façon que, placé au centre, on voie, le jour du solstice d'été, les premiers rayons du soleil frapper une stèle isolée. On trouve la même recherche dans un site d'Irlande, Newgrange.

Dolmen de Bagneux, en Anjou.

Les pierres dressées, ou *menhirs,* sont contemporaines des dolmens. Les uns et les autres présentant des motifs identiques, en particulier la hache et la crosse, nous supposons que les menhirs jouaient un rôle dans des cérémonies de la religion mégalithique. Le plus grand se trouvait à Locmariaquer, dans le Morbihan, et pesait 350 tonnes.

On peut imaginer les cérémonies grandioses qui devaient avoir lieu dans des cadres monumentaux tels que les alignements de Carnac.

Autel découvert dans une chambre funéraire de l'île de Malte, lieu riche en vestiges mégalithiques.

Le Ciel a créé la Terre ; la Terre a créé la Rivière ;
la Rivière a créé le Ruisseau,
et le Ruisseau a créé la Boue.
Mythe babylonien (Début du IIe millénaire)

Un héros (Ghilgamesh?) aux prises avec un lion. (Sceau-cylindre du IIIe millénaire)

Les textes

Les fouilles archéologiques nous ont permis de retrouver un demi-million de tablettes d'argile, séchée ou cuite, sur lesquelles copistes, scribes et lettrés du temps ont consigné ce qu'ils voulaient garder en mémoire.

La plupart sont des pièces administratives (inventaires, contrats, procès-verbaux de jugements) écrites au jour le jour. Un cinquième environ est fait de textes proprement littéraires, qui reflètent plutôt la culture et la vie intellectuelle, sentimentale, morale et religieuse. Ce sont des traités de grammaire, de médecine, de mathématiques ou de divination, des manuels de techniques, des essais littéraires et surtout, des textes religieux : hymnes et prières, rituels du culte officiel, exorcismes, légendes pieuses et mythes expliquant le comportement des dieux, les origines du monde, la raison d'être de l'existence des hommes…

La Mésopotamie (en grec, *entre fleuves)* est, dans sa partie méridionale, un monde de marais à roseaux, dont on construisait des huttes (ce qui n'exclut pas, ailleurs, l'emploi généralisé de la brique). Cette région, exposée aux terribles crues du Tigre et de l'Euphrate, pouvait inspirer le mythe du *Déluge*.

Si tu y mets du tien, tu auras la chance ;
si tu ne fais aucun effort, tu seras malchanceux.
Le destin est un chien qui nous fait courir à sa poursuite.
Proverbes sumériens (Début du IIe millénaire)

Sommet de la stèle où le roi Hammourabi a fait graver 282 décisions de justice pour démontrer sa sagesse de juge et d'administrateur : il s'y est fait représenter recevant de son dieu Mardouk les emblèmes du pouvoir. (Vers 1760 av. J.-C.)

Le récit biblique du Déluge (début du Ier millénaire avant notre ère) reproduit assez bien un mythe babylonien écrit au moins sept siècles plus tôt.

On y raconte comment les hommes, mortels mais doués d'une vie bien plus longue, se sont si fort multipliés que leur rumeur empêche de dormir le roi des dieux. Celui-ci veut les décimer, par l'Epidémie, puis par la Famine. Mais le dieu intelligent, Ea (ou Enki), qui les a créés, les sauve de ce double danger. Alors, le roi des dieux se résout à les anéantir par le Déluge, énorme inondation provoquée par des pluies formidables, comme il en arrive de temps en temps dans le pays. C'est alors que le même dieu protecteur des hommes choisit le meilleur d'entre eux, lui apprend à se faire un bateau où, avec sa famille, toutes sortes d'animaux terrestres et les secrets des techniques, il s'embarque et évite la mort.

Les hommes pourront rester ici-bas, leur vie n'étant que raccourcie et leur prolifération diminuée afin de les préserver à l'avenir, d'un semblable danger.

C'est en Mésopotamie, vers 3000, qu'apparaît la première écriture.

Ses signes sont d'abord des *pictogrammes,* dessins simplifiés

tracés à la pointe sur de l'argile. Plus tard, ils y sont imprimés à l'aide d'un *calame* (roseau) taillé en biseau; ce qui les décompose en traits à forme de *clous* ou de *coins :* c'est pourquoi cette écriture est dite *cunéiforme*.

Révérer les dieux, c'est s'attirer leur faveur
Leur offrir des sacrifices, c'est prolonger sa vie
Et les prier, c'est écarter les châtiments
qu'on a encourus d'eux.
Conseils d'un père à son fils (Fin du IIe millénaire)

Ces porteurs de boisson et de nourriture devaient fournir la table des dieux, dont les quatre repas quotidiens faisaient partie du culte.

Les temples ne sont pas les seuls lieux de culte. Près d'eux se dressent des tours à étages, les *ziggourrats*. Couronnées par un petit sanctuaire, elles sont perçues comme l'escalier emprunté par le dieu descendu du ciel sur terre et comme le moyen, pour ses fidèles, de se rapprocher de lui en montant vers le ciel.

Cultes et sanctuaires

Un vieux mythe raconte que les hommes ont été *inventés* et créés par Ea pour venir en aide aux dieux, lassés de devoir se nourrir eux-mêmes. La vocation native des hommes est donc de produire, par leur travail, tous les biens nécessaires pour assurer aux dieux une existence opulente et insouciante.

Aussi leur construisent-ils des *maisons :* temples magnifiques, avec un riche mobilier et des statues qui les *re-présentent,* les *rendent présents.* Selon une liturgie quotidienne entrecoupée de fêtes plus solennelles, ils leur offrent en abondance aliments et boissons de choix, servis parmi d'odorantes fumigations, musique, chants, récitations de mythes commémorant leurs hauts faits.

Ils les promènent aussi, à chars ou à bateaux, en longues et pittoresques processions, à la rencontre les uns des autres, ou en visite dans leurs sanctuaires respectifs. Ils célèbrent même, cycliquement, leurs *mariages.*

Cérémonie se déroulant sur le parvis d'un temple, représentée sur un petit plateau en bronze, du XIIe s. av. J.-C. Deux personnages, accroupis, accomplissent des rites d'ablutions ou des offrandes. Près d'eux, un petit autel et une jarre contenant l'eau sacrée réservée aux rituels.

Les hommes doivent respecter certaines obligations (religieuses, civiles, morales...). Manquer à ces devoirs signifie se révolter contre ses maîtres, se rendre coupable d'un *péché*. En châtiment, ceux-ci pcuvent donner ordre à des démons d'infliger aux coupables tous les maux qui parasitent notre existence (et qui trouvent ainsi leur explication). Toutefois, les dieux peuvent se laisser fléchir par des rites.

Our-Nanshé, roi de Lagash v. 2500 av. J.-C., célèbre la fondation d'un temple. Il est ainsi représenté sur une plaque commémorant ses travaux. On l'y voit aussi en maçon, travaillant à élever un sanctuaire, ce qui lui assurera la gloire.

O Shamash,
juché sur les montagnes, tu surveilles la terre,
Du haut du Ciel tu tiens à bout de bras tous les pays,
Tu prends soin de tous les peuples du monde.
Hymne au dieu du Soleil (Fin du IIe millénaire)

Adad, armé des foudres, parcourt le ciel sur un jeune taureau, son symbole, pour y répandre le tonnerre et les éclairs de l'orage, dont il est le dieu.

Les dieux

La religion mésopotamienne est faite essentiellement de respect, de crainte, d'admiration et de servilité. On s'adresse aux êtres divins comme à de très hauts personnages :

O Seigneur! Souverain suprême! Seul grand sur la terre et au ciel! (...)

Dominateur des confins de la terre. Je veux exalter ta grandeur!

Ta divinité brille d'une gloire plus sublime que le ciel!

Plus vaste que la mer!

Cette forme de religiosité exclut toute recherche de rapprochement intime avec le divin, tout amour et tout mysticisme. Ces êtres surnaturels, l'homme mésopotamien les entrevoit dans la nature, aussi incompréhensible dans la régularité de son mécanisme que dans ses soubresauts (orages, épidémies, inondations...). Il se les représente à son image, mais plus puissants, plus intelligents, doués d'une vie sans fin.

Il organise une société divine, à la ressemblance de la sienne : au sommet, Enlil *(Seigneur-Vent,* en sumérien), le souverain, avec son père An ou Anou *(Ciel)*, fondateur de la dynastie divine, assisté d'Enki, ou Ea, le plus intelligent des

dieux. D'autres divinités (on en dénombre près de deux mille noms) sont préposées à tous les départements de l'univers : le soleil, la lune, la pluie, l'orage, la pousse des plantes, la fécondité des animaux, etc.

A partir du IIe millénaire, Enlil, comme l'avait fait Anou, cède son trône à un dieu plus jeune : Mardouk, fils d'Ea, doté d'une autorité abolue.

Au milieu, le Soleil, Shamash, sort de sa montagne, entouré d'Ea, dieu des Eaux, et (peut-être) d' Ishtar, déesse de l'Amour, et du dieu guerrier Ninourta.

Bélier dressé contre un arbre. Statuette de bois recouverte d'or, d'argent et de lapis-lazuli, de 50 cm de hauteur, trouvée dans une tombe d'Our. (IIIe millénaire)

Pazouzou, démon chargé par les dieux courroucés d'apporter aux hommes la fièvre.

Pourquoi courir ainsi, Ghilgamesh?
La vie sans fin que tu poursuis, tu ne l'atteindras jamais!
Quand les dieux ont créé les hommes,
Ils leur ont assigné la mort,
Gardant pour eux l'immortalité!
Epopée de Ghilgamesh

Le roi Goudéa est conduit par son dieu protecteur pour être présenté à une divinité plus puissante.

Roi portant un agneau à sacrifier à quelque dieu, peut-être lors du rituel quotidien, peut-être à l'occasion d'une fête, comme celle du Nouvel An, qui se célèbre au printemps.

Exorcismes et divination

Il s'agit, à l'aide de manipulations analogues à celles de la magie, accompagnées de prières, d'éliminer les maux en exorcisant leurs causes, démoniaques ou non. Ainsi, par frottement ou par contact prolongé, on *transmet* un mal à un objet ou à un animal, qui devient le *porte-malheur* et est alors détruit par écrasement, noyade, combustion ou démembrement.

De tels exorcismes nous sont parvenus en quantité impressionnante, en particulier contre les maladies, ce qui n'excluait pas le recours à la médecine empirique.

Lorsque les dieux, de qui tout dépend, décident de provoquer, dans le cours des choses, un événement inattendu, hors

Statuettes d'adorants du début du IIIe millénaire.

norme (naissance d'un monstre, rêve particulier, présentation insolite des entrailles d'un animal sacrifié...), c'est qu'ils entendent éveiller l'attention sur une décision prise par eux, *cachée* mais *lisible* dans cet événement.

Un code fort compliqué a été mis au point pour déchiffrer ces messages. Ainsi, la naissance d'un enfant mort-né annonce la mort prématurée d'un de ses parents...

La mort ne compte pas. Elle n'est que l'inévitable destin des hommes. Le corps, mis en terre, *retourne à l'argile* dont s'était servi Ea pour en modeler le prototype. Il s'en détache un double, volatil et ombreux, qui va rejoindre, sans le moindre jugement, les autres *fantômes* dans le séjour souterrain des Morts. Là, ils mènent une existence silencieuse, somnolente, aux chétifs besoins de laquelle les vivants pourvoient par de modestes offrandes.

Foie d'argile utilisé par les devins comme un manuel, pour lire, dans le foie des animaux sacrifiés, les messages cachés des dieux. (XIXe s. av. J.-C.)

Ainsi donc, remplis-toi la panse ; / Sois en liesse jour et nuit; / Jour et nuit, fais la fête : / Mets-toi de beaux vêtements, / Lave-toi, baigne-toi ; / Regarde avec tendresse ton petit qui te tient la main, / Et que ta femme, serrée contre toi, soit heureuse! / Car tel est le programme des hommes!
Epopée de Ghilgamesh

Personnage en prière.
(Statuette en bronze, XVIIIe s. av. J.-C.)

L'Egypte ancienne

Couvercle d'un vase funéraire en albâtre représentant le pharaon Toutankhamon. Sa coiffure est ornée d'une tête de vautour et de cobra *(uraeus)*, symboles protecteurs.

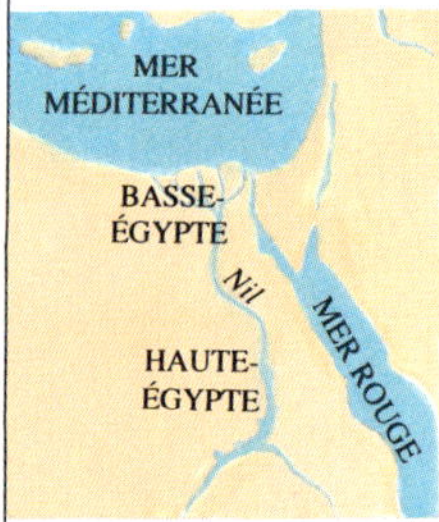

Un *Appel aux vivants*, inscrit au fronton des tombeaux, a le pouvoir, s'il est lu par un passant, de renouveler par la magie de la parole *les dons en nourriture indispensables à la survie du défunt*. Mais une autre formule voue les profanateurs aux pires malédictions.

L'Egypte est traversée, sur 1500 km, par le Nil, qui prend sa source dans les grands lacs d'Afrique centrale et va se jeter dans la mer Méditerranée par un large delta. De part et d'autre s'étend le désert. Pendant près de trois mille ans, ce pays est gouverné par les Pharaons. Soumis par les Grecs, sous Alexandre le Grand, il est inclus dans l'Empire romain dont il est le grenier à blé.

Les croyances

La religion égyptienne est fondée sur deux éléments vitaux : le soleil et l'eau. Chaque jour, le soleil renoue avec la vie, tandis que l'eau du Nil fait pousser les plantes, charriant un limon qui fertilise la terre chaque année, lors de sa crue. Les villages et les premières villes s'établissent le long de sa vallée; c'est là aussi que naissent les lieux de culte aux dieux innombrables.

Dès l'époque des premières pyramides (vers 2800 avant J.-C.), les Egyptiens

La pyramide est le lieu de sépulture d'un pharaon. Le culte a lieu à proximité, dans un temple funéraire. A Gizeh, devant le sphinx qui protège les tombes, (la plus haute atteint 137 m), on voit encore les vestiges du temple funéraire.

Sanctuaire d'Isis, sur l'île de Philae.

attendent toute vie de Rê, le dieu soleil, et tout bienfait de Hâpy, le Nil en crue. Bien vite, d'autres divinités seront invoquées pour les besoins de la vie

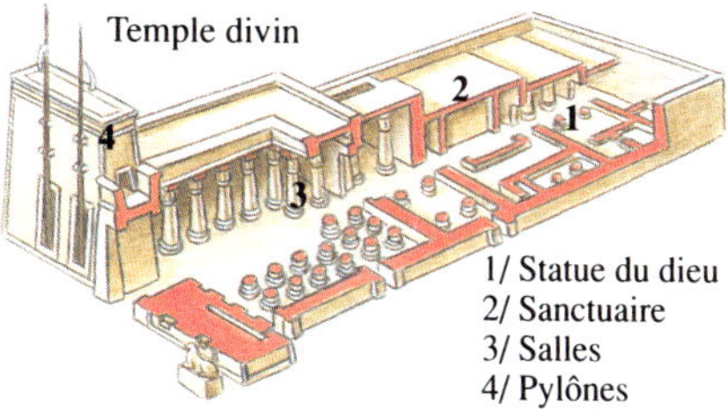

Temple divin

1/ Statue du dieu
2/ Sanctuaire
3/ Salles
4/ Pylônes

quotidienne, de la naissance à la mort.

Les textes

Les cultes et les rites sont connus par les inscriptions *hiéroglyphiques (signes sacrés,* en grec). Les *Textes des Pyramides* révèlent la survie du roi et, à partir de 1500 avant J.-C., le *Livre des morts* aide tout défunt à voyager dans l'au-delà. Quelques scribes ont cependant laissé sur papyrus des *Enseignements*.

Cultes funéraires
Des prêtres sont chargés du culte des défunts. Les tombes sont regroupées dans les *nécropoles* ou *villes des morts*.
Le culte a lieu devant la tombe sur un autel ou près d'une stèle.

Ensemble funéraire

1/ Pyramide
2/ Chambre du roi
3/ Temple haut
4/ Galerie
5/ Temple d'accueil
6/ Débarcadère

Les cultes et le clergé
Tout Egyptien peut confier à des clergés offrandes et prières nécessaires à l'équilibre du monde et aux besoins terrestres; ces rites se déroulent dans les *temples divins*.
Le dieu peut se manifester par des oracles interprétés par les prêtres.

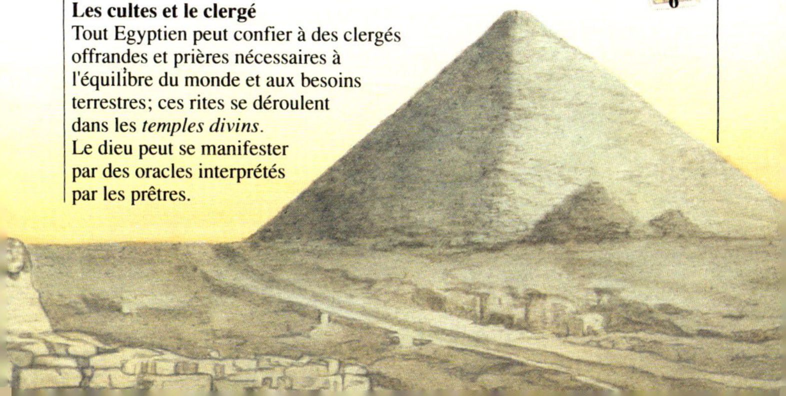

Adoration à Hâpy qui jaillit de la terre, qui vient nourrir la terre d'Egypte. (...) Qu'il fasse boire les sentiers du désert, pendant que sa rosée descend du ciel. (...) C'est lui Hâpy qui fait pousser les herbages pour les troupeaux. (...) Personne ne peut vivre sans lui,

Hymne à Hâpy, le Nil en crue (Nouvel Empire)

Les divinités

Les figurations des dieux, humaines ou animales, parfois mi-hommes, mi-bêtes, varient avec les régions. Dans le Fayoum marécageux, on honore Sobek, un dieu crocodile. A l'est du delta, c'est le désert : on y vénère Selkis sous forme de scorpion. Dans les terres cultivées de la vallée, on rend un culte à Renenoutet, la déesse des Moissons, sous l'aspect du serpent, lequel avale les animaux nuisibles aux grains. Là où passent de nombreux oiseaux, on privilégie Thot à tête d'ibis, Horus, faucon, Mout, vautour.

Scarabée, symbole de renaissance.

Œil d'Horus, amulette protectrice.

Signe de Vie, symbole d'éternité.

Lotus, symbole de la naissance.

Rê, dieu soleil.

Thot, dieu des Scribes.

Isis, déesse de la Fécondité et de la vie.

Khépri, Soleil du matin.

Amon, dieu dominant qui assimile Rê.

Anubis, dieu accompagnateur des morts.

Sois généreux pour celui qui est dans ta maison,
ne refuse pas ta main à l'inconnu
qui vient à toi dans une misère mortelle.
Recherche le silence, tu en posséderas le fruit.
Enseignement d'un sage vers 1320 av. J.-C.

Sceptres, symboles du pouvoir et de la prospérité.

Nout, la voûte céleste, est séparée de la terre, Geb, et soutenue par l'atmosphère Chou.
Un autre mythe attribue la création du monde et des hommes au dieu Ptah, par sa simple parole.

Pilier, symbole de stabilité, associé à Osiris.

Couronne d'Osiris, souverain des défunts.

Couronnes de Haute et Basse-Egypte réunies, symbole du pouvoir sur toute l'Egypte.

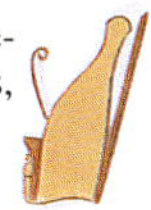

Hathor, déesse vache, du Ciel et de l'Amour.

Horus, dieu faucon, fils d'Isis et d'Osiris.

Osiris, dieu de la Fécondité, juge des morts.

Khnoum, le bélier, dieu de la Crue du Nil

Maât, déesse de l'Ordre divin.

Le voyage dans l'au-delà

La croyance en l'au-delà après la mort est ancrée dans les esprits dès l'époque des pyramides. Pharaon est le premier à pouvoir espérer cette survie. Peu à peu, tous les Egyptiens y participent, soit en suivant Rê, le Soleil, dans sa barque, soit en rejoignant Osiris dans son royaume souterrain après avoir subi le jugement du *cœur* (siège de la pensée).

Au cours de la pesée du cœur, le défunt se justifie : *Salut à toi grand dieu, je n'ai pas commis d'iniquité envers les hommes. Je n'ai pas appauvri un pauvre de ses biens. Je n'ai pas tué, ni ordonné de tuer. Je n'ai pas amoindri les offrandes alimentaires dans les temples.* (...) *Je n'ai pas retenu l'eau au moment de l'inondation.* (...) *Je suis pur.*

Hymne à Osiris qui règne à l'Occident (entrée du monde souterrain des morts)

Nephtys, sœur d'Isis et d'Osiris, est une déesse protectrice des morts, ce qu'évoquent ses ailes déployées.

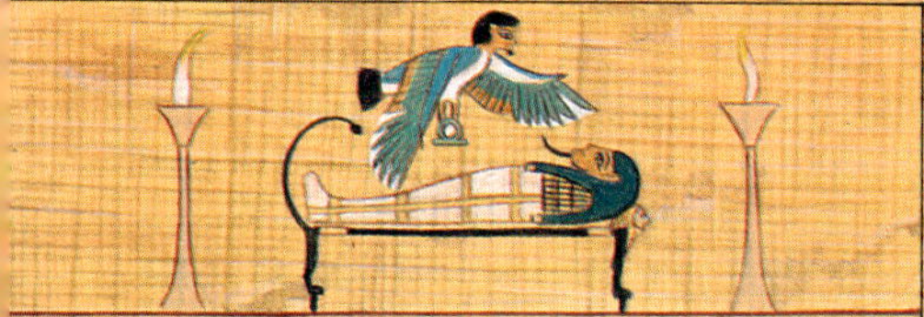

Momification par le dieu Anubis, qui veille sur les morts.
Au moment de la mort, le *ba* («l'âme») quitte le corps du défunt. La nuit venue, il le rejoint.

Cérémonie d'ouverture de la bouche et des yeux de la momie afin qu'elle puisse respirer, voir, se nourrir.

La pesée du cœur, en balance avec la plume de Maât (la justice, la vérité). Si le résultat est négatif, le défunt est dévoré par le monstre, sinon il est conduit par Horus devant Osiris, Isis et Nephtys.

Un cortège funèbre accompagne la barque funéraire jusqu'au lieu de sépulture.

Le défunt doit identifier les dieux des morts.
Le chat qui coupe la tête du serpent des Ténèbres assure la victoire de Rê.

Le défunt, en présence de Rê, le dieu Soleil dans sa barque, et des autres dieux, a accès à la survie.

La mythologie grecque

La *mythologie* est un ensemble de *mythes* , des *histoires que l'on raconte,* mais dont on n'affirme pas la vérité matérielle. C'est le domaine de la poésie, de l'imagination.

Au début du IIe millénaire, les Grecs, venus des plaines de l'Europe du Nord, descendent dans la presqu'île des Balkans, arrivent sur les bords de la Méditerranée et dans les îles de la mer Égée. Là, ils rencontrent des peuples venus, eux, d'Orient (de Phénicie, d'Asie

La religion grecque ne comporte aucun dogme auquel le fidèle est tenu de croire sous peine d'offenser le dieu. La seule obligation est de croire à l'existence des dieux et de leur offrir les sacrifices traditionnels.

Le *discobole* (lanceur de disque).

Les Grands Jeux se célèbrent tous les quatre ans dans les grands sanctuaires de la Grèce, notamment à Olympie en l'honneur de Zeus, à Corinthe en l'honneur de Poséidon, à Némée dans le Péloponnèse, à Delphes en hommage au serpent Python, tué par Apollon qui s'empara de l'oracle.

Théâtre grec antique.

Mineure, peut-être d'Egypte). Les uns et les autres ont leurs dieux et leur façon de les honorer, ainsi que leurs croyances.

Les textes

De ces contacts naît une religion, avec des rites divers et une mythologie qui suscite une littérature abondante :

– Des poèmes épiques. Les plus célèbres sont *l'Iliade* et *l'Odyssée,* attribués à Homère et que l'on situe vers le IXe siècle avant J.-C. Le premier raconte la guerre menée par les Grecs contre la ville de Troie, en Phrygie; le second, les aventures d'un des chefs de cette guerre, Ulysse, lors de son retour dans sa patrie, l'île d'Ithaque. La *Théogonie* d'Hésiode (VIIIe siècle avant J. C.) fait le récit des origines de l'univers et de la naissance des dieux.

– Des poèmes lyriques. Ceux de Pindare célèbrent les victoires des Jeux.

– Des tragédies. Au IVe siècle avant J.-C., Eschyle, Sophocle, Euripide en sont les principaux auteurs.

Ces poètes modifient à leur gré les mythes qu'ils traitent. Il en va de même des artistes (peintres de vases, sculpteurs) qui les représentent et introduisent d'innombrables variantes.

De plus, chaque cité possède des cultes particuliers, adressés à des *héros* honorés chacun par des rites qui leur sont propres.

S'accompagnant à la cithare, les *aèdes* et les *rhapsodes* vont de ville en ville, chantant leurs poèmes.

La mer Egée, qui sépare l'Europe de l'Asie, doit son nom au roi d'Athènes, Egée, père de Thésée. Celui-ci, revenant de Crète, où il avait combattu le Minotaure, monstre mi-homme, mi-taureau, avait oublié de hisser au mât de son navire la voile blanche, signe qu'il était sain et sauf. Egée, le croyant mort, se jeta dans la mer.

Que Zeus soit mon commencement, jamais, nous autres hommes ne devons taire son nom; de Zeus sont pleines toutes les rues, toutes les places où s'assemblent les humains, pleine la mer ainsi que les ports...
Aratos, *Phénomènes*, v. 1-3

Le sphinx est un monstre ailé au corps de lion et à la tête de femme.

Nymphe signifie jeune femme. Les nymphes sont les éléments féminins de la nature.

Les dieux

A l'origine règne Chaos, *le Vide béant*, puis vient Terre (elle-même une déesse) et Eros, *l'Amour*. Chaos a deux enfants : Erèbe, les *Ténèbres des Enfers*, et Nuit. La Terre enfante Ciel (Ouranos) et les Montagnes. Unie à Ouranos, elle donne naissance à Océan, aux Titans, dont le plus jeune est Cronos, aux Cyclopes et à trois Géants à cent bras et cinquante têtes. Ouranos a honte de ses enfants et les enferme. Cronos le mutile; du sang du dieu naissent des divinités, dont Aphrodite, déesse de l'Amour. Cronos épouse sa sœur Rhéa et, avec elle, engendre de nombreux dieux, dont Zeus, qui détrône son père.

Zeus a de nombreuses aventures amoureuses, d'où sont issus des dieux et des héros. Il fait jaillir de sa propre tête Athéna, déesse de la Raison et protectrice des cités.

Tous les aspects de la vie en société ont ainsi leurs *protecteurs*. Il faut ajouter les *Nymphes* des eaux, des arbres..., les *Satyres* aux pieds et pattes de chèvre, les *Centaures*, mi-homme, mi-cheval. Et aussi Hécate, déesse de la Sorcellerie et des Revenants.

Les héros

A mi-chemin entre dieux et hommes figurent les *héros*, mortels devenus semblables aux dieux par leurs exploits.

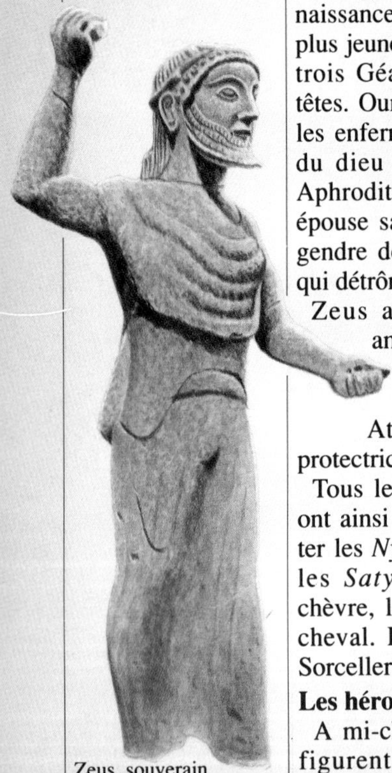

Zeus, souverain des dieux.

Le jugement de Pâris : Aphrodite, Eros, Athéna, déesse de la Raison, Héra, épouse de Zeus, Hermès, dieu des Voyageurs et des Voleurs. Le berger Pâris doit désigner la plus belle des déesses, ce qui provoquera la guerre de Troie.

Arès, dieu de la Guerre, fils de Zeus et d'Héra.

Déméter, sœur de Zeus, déesse des Moissons.

Poséidon, frère de Zeus, dieu de la Mer.

Asclépios, guérisseur, est le patron des médecins.

Un des douze travaux d'Héraclès : la capture des bœufs de Géryon.

Dionysos, dieu de la Vigne et du Théâtre, fils de Zeus et de Sémélé.

Apollon, dieu de la Médecine, de la Poésie, de la Divination, et Artémis, déesse des Forêts, enfants de Zeus et de Léto.

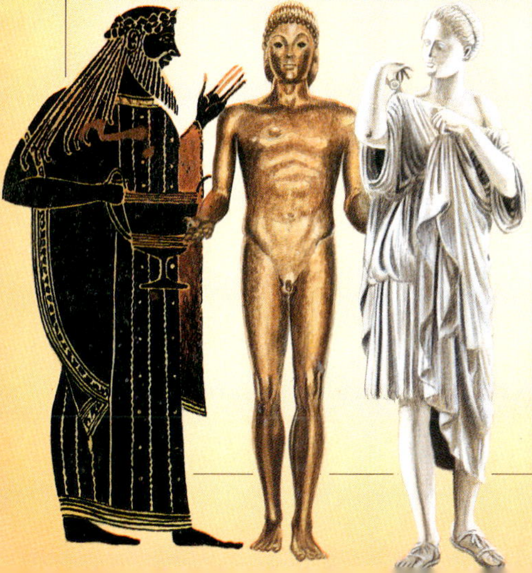

Une des trois Gorgones, monstres dont le regard pétrifie.

C'est lui (Apollon) qui apporte aux hommes et aux femmes les remèdes aux douleurs, qui a donné la lyre et envoie la Muse à qui lui plaît; il met dans les cœurs la concorde et la paix et règne sur l'antre prophétique.
Pindare, *Pythique V*, v. 85-92

Les rites et les fêtes

La vie publique et privée est dominée par les oracles, que l'on consulte en toute occasion. Le plus célèbre est celui de Delphes, consacré à Apollon. On y interroge la Pythie, prêtresse qui est directement inspirée par le dieu et donne des réponses obscures, rédigées en vers. Il existe beaucoup d'autres oracles : à Dodone, en Epire, un chêne consacré à Zeus *parle* par le mouvement de son feuillage. Il existe aussi des devins qui interprètent les signes contenus dans les entrailles des victimes. Calchas et Tirésias sont les plus célèbres.

L'acte essentiel du culte des dieux est le sacrifice : offrande faite aux divinités, le plus souvent d'une victime ani-

Les morts sont censés vivre une vie rudimentaire dans l'au-delà. Aussi leur adresse-t-on des libations (offrandes de vin, eau... dont on verse quelques gouttes).

La plus célèbre des fêtes religieuses grecques, les Panathénées d'Athènes, a lieu tous les quatre ans. C'est l'occasion de danses, de festins et de cortèges nocturnes. Une procession se rend sur la colline d'Athènes, l'Acropole, où s'élève le Parthénon, temple consacré à Athéna, pour offrir à la déesse un voile (le *péplos*) tissé par des jeunes filles.

male, que l'on consomme, en une sorte de communion, lorsque le sacrifice s'adresse aux dieux du ciel; que l'on brûle entièrement s'il s'agit d'un dieu du monde souterrain. On offre aussi du vin, du miel, de la farine, des fleurs. Des sacrifices accompagnent tous les événements : mariages, voyages, fêtes publiques (chaque cité a les siennes)...

A côté de ces cultes ouverts à tous, il y a des *mystères*, accessibles aux seuls initiés; ainsi, à Eleusis, on évoque l'enlèvement de Perséphone par Hadès, le dieu des Enfers, et les recherches de sa mère, Déméter, à travers le monde, faits qui symbolisent la vie de la végétation et le sort des âmes après la mort.

Veau mené au sacrifice. (Sculpture du VIe s. av. J.-C.)

Quand passe le coffret sacré, femmes, que retentissent vos prières.

Callimaque, *Hymne à Déméter*, v. 1

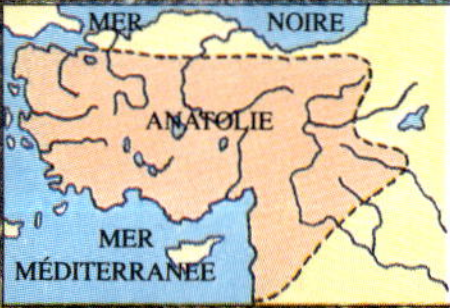

Les Hittites

Les temples

Ils ressemblent à ceux de Mésopotamie : sacrifices et rites s'accomplissent dans une salle tandis que le sanctuaire abrite la statue du dieu, où seuls les prêtres ont accès. Un clergé est affecté à la vie des temples (offrandes, rites de purification, entretien quotidien de la statue...). Le grand prêtre est le roi, intermédiaire entre son peuple et les dieux. A Yazilikaya, soixante-cinq divinités ont été sculptées dans la roche (XIIIe s. av. J.-C.). Chacune tient un attribut qui permet de l'identifier.

Pour le dieu de l'Orage, le début de l'année sera célébré
(comme) *une fête «lourde»*, (celle) *du ciel et de la terre.*
Tous les dieux se sont réunis
et vont à la maison du dieu de l'Orage.
Rituel hittite

Les ancêtres des Hittites, les Hattis, sont installés sur le plateau d'Anatolie (actuelle Turquie) lorsque, au IIe millénaire avant J.-C., un peuple envahisseur s'intègre à eux, leur imposant sa langue. De ce brassage naît un empire dont les velléités de conquête se heurteront à des voisins plus puissants et qui s'écroulera en 1170 avant J.-C. Mais leur civilisation demeurera dans des principautés dispersées en Syrie et en Palestine.

Disque solaire en bronze, trouvé dans une tombe hattie; l'âne, au centre, est lié au dieu Pirva.

Les dieux

La religion est très influencée par la Mésopotamie. A la tête de ceux-ci trônent le dieu de l'Orage, sa compagne, la déesse solaire, et leurs enfants.

Les textes

Une foisonnante mythologie écrite est née de ces croyances, *la Royauté aux cieux,* qui relate les aventures du dieu Koumarbi pour reprendre la royauté que lui a ravie un autre dieu. Ce texte aurait inspiré la *Théogonie* d'Hésiode, au VIIIe siècle avant J.-C. (p. 83).

Statuette en or d'un dieu. (XIVe s. av. J.-C.)

Le sphinx sculpté dans la porte monumentale d'Alaca Hoyük (XIVe s. av. J.-C.) est destiné à protéger la cité.

Les Scythes

Chez eux, ni temples, ni autels, ni statues. Leur religion est faite d'espace et de plein vent. Des chariots couverts, tirés par des bœufs, leur servent de maisons.

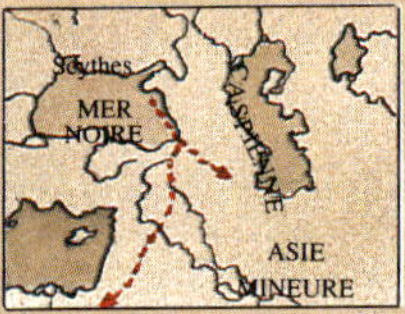

Les Scythes et leur progression

Divinité tenant un arbre de vie.

Durant des siècles, les peuples du Moyen-Orient ont vécu dans la hantise de voir surgir des steppes du nord l'ouragan dévastateur de ces cavaliers sauvages, vissés sur leurs petits chevaux : Huns d'Attila, Mongols de Gengis Khan. Mille ans avant J.-C., ils déferlaient déjà vers les plaines du sud.

Ce sont les Scythes, les premiers à savoir monter ces chevaux qui forment, avec les moutons, la masse de leurs troupeaux. Ils adorent la Terre, le Soleil, les Eaux et le souffle des Vents. Mais leur divinité préférée se nomme Tabiti, déesse du Feu, chaleur et lumière des longues nuits froides de leurs déserts, et protectrice de leurs troupeaux. Ils vénèrent aussi un dieu de la Guerre, figuré par une épée.

Le culte des ancêtres

A la mort d'un des leurs, ils se livrent à d'interminables cérémonies avant de l'enterrer dans une maison de bois creusée dans le sol. Femme, serviteurs, chevaux l'y accompagnent, avec ses armes, ses bijoux, des jarres de vin et d'huile, de la viande. Pour eux, la vie continue dans l'au-delà, comme si l'autre monde, pour ces nomades impénitents, n'était pour toujours qu'une bienheureuse steppe.

Le manichéisme

Mani naît en 216, de parents iraniens, non loin de l'actuelle Bagdad. Pendant près de vingt ans, il vit au sein d'une communauté moitié juive, moitié chrétienne, les *Baptiseurs*. Mais peu à peu, il s'en détache, persuadé qu'il est l'Esprit saint que Jésus a promis d'envoyer dans le monde. Il devient le Messager d'une *Révélation* (p. 259) qui doit remplacer toutes les autres.

Mani est mis à mort, en Perse, en 277, mais sa religion se répand très vite. A travers les oasis d'Asie centrale, elle atteint la Chine, où Marco Polo, au XIIIe s., trouvera encore de ses fidèles ou *Manichéens*. En Occident, se transformant au cours des siècles, elle chemine par les Balkans, jusque dans le Languedoc, où les Cathares (p. 256), aux XIIIe et XIVe s., en seront les derniers témoins.

L'arbre des trois générations divines suscitées par *le Père* pour vaincre le mal.
(D'après une fresque chinoise, IXe-Xe s.)

Officiant présentant un texte sacré. (Manuscrit d'Asie centrale, VIIIe-IXe s.) Mani a consigné sa doctrine dans de nombreux ouvrages.

Doctrine de Mani
Selon Mani, la religion doit apprendre à l'homme qu'il fut d'abord un être lumineux créé par Dieu; mais l'Esprit du mal l'emprisonna dans les ténèbres de la matière. Notre corps, c'est la matière; notre âme est une étincelle de la lumière divine. L'homme doit donc se détacher de ce qui le lie à ce monde matériel où il est tombé s'il veut retrouver le paradis perdu de la Lumière.

Le manichéisme désigne aujourd'hui une conception du monde qui repose sur les deux principes contraires du bien et du mal.

Les Slaves

Sculpture en bois d'une divinité à deux têtes, dont la partie inférieure était un pilier à sept côtés. (Trouvée en R.D.A.)

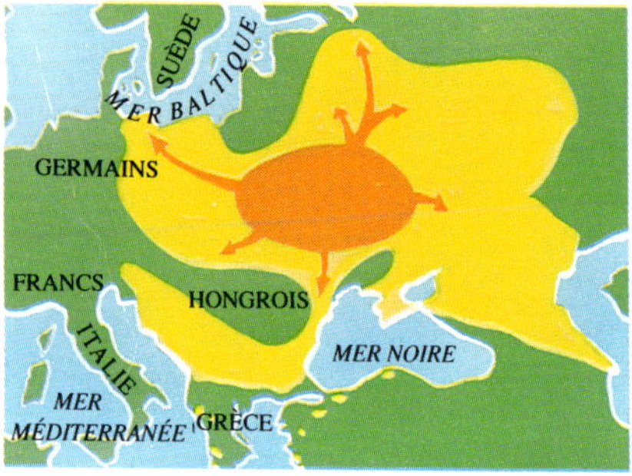

Expansion des Slaves, entre le Ve s. (en rouge) et le Xe s. (en orange).

L'existence du peuple slave remonterait au IIe millénaire avant J.-C., mais sa religion n'a laissé aucun témoignage écrit direct. Les différentes nations slaves se sont constituées du VIe au Xe siècle et n'ont connu l'écriture qu'à l'occasion de leur christianisation. Aussi nos informations proviennent-elles soit d'auteurs étrangers – latins ou grecs – soit d'auteurs slaves chrétiens.

L'archéologie livre, en U.R.S.S., en

Les Slaves construisent de nombreux forts, à la fois résidences princières, refuges et magasins. Autour se groupent des villages.

Sur la falaise d'Arkona, dans l'île de Rügen (R.D.A.) se trouvait un temple du dieu Svantovit, détruit au XIIe s.

Dans la main droite, elle (la statue) *tenait une corne faite de divers métaux, que le prêtre initié aux rites avait coutume de remplir chaque année avec du vin nouveau afin d'appeler, sous l'empire de l'ivresse, les récoltes de l'année à venir.*

Saxo Grammaticus
(vers 1200)

Cité lacustre

Pologne ou en R.D.A., de rares traces de lieux de culte – où l'on célébrait des sacrifices – ainsi que des idoles, en pierre ou en bois, difficiles à identifier.

Culte de la nature et des ancêtres

Certaines coutumes ont longtemps persisté, liées à deux cultes. Le premier exprime les liens de l'homme avec la nature : on célèbre certaines dates du calendrier, comme le solstice d'été (21 juin), et surtout on peuple la nature d'êtres mythiques. Le second rattache l'homme à ses ancêtres et à sa lignée : à des dates déterminées, des offrandes sont déposées pour les morts ou pour les divinités qui président aux naissances.

Le culte de véritables dieux semble tardif et peu enraciné. Si au Xe siècle, celui de Péroun, dieu de l'Orage et protecteur des guerriers, est attesté chez les Russes, les autres divinités sont difficiles à cerner et leur existence même est incertaine. Seul Svantovit est l'objet d'un culte élaboré, au XIIe siècle, sur l'île de Rügen (R.D.A.) : des offrandes lui sont apportées et des prêtres interprètent les oracles que rend... son cheval.

Chez la majorité des Slaves, aucune trace de prêtres, seulement des sorciers, attestés encore en Russie à l'époque chrétienne : grâce à des pratiques magiques, peut-être aussi à leur connaissance des plantes médicinales, ils sont en fait les seuls à soulager les malades.

Svantovit, dieu unique représenté avec quatre têtes et tenant à la main une corne en or.

Les Germains

Le dieu guerrier Thor, armé de son marteau magique, livre combat aux monstres et aux géants. Ces derniers constituent une menace permanente pour le monde des dieux. (Manuscrit islandais du XVIIIe s.)

La religion des Germains est surtout connue grâce à l'auteur romain Tacite, qui décrit, au Ier siècle, quelques-unes de leurs pratiques divinatoires, comme l'observation des hennissements et des ébrouements des chevaux. A l'époque médiévale, nous connaissons mieux les Scandinaves, Germains du nord de l'Europe. Seul change le nom des dieux.

Les dieux

Odin est leur chef; il possède le pouvoir suprême; il a sacrifié l'un de ses yeux pour obtenir la connaissance absolue. Vient ensuite *Thor,* célèbre pour sa force physique. *Tyr* préside à la justice et donne la victoire. *Njördr* gouverne les vents et favorise la navigation; son fils, *Freyr,* et sa fille, *Freyja,* sont invoqués pour la richesse et la fécondité.

Tous ces dieux ont passé un accord de

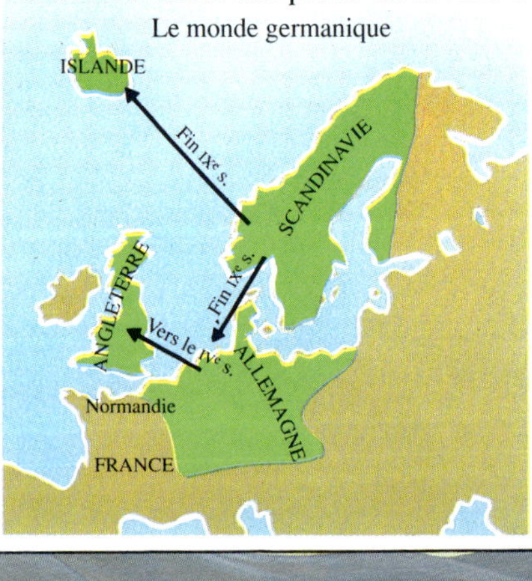

bonne entente. L'un d'eux, le perfide *Loki,* cause la mort du meilleur d'entre eux, le beau et pur *Baldr.* Ce qui aboutira au *Crépuscule des Dieux :* la plupart des divinités seront tuées par des monstres liés aux géants, après de terribles catastrophes naturelles (disparition des astres, dont le soleil, inondations, tremblements de terre, feu dévastateur). Le cycle des dieux proches d'Odin prendra fin; un autre surgira avec des jeunes dieux rassemblés autour de Baldr.

Rites et cultes

Le culte joue un rôle éminent; les Germains, lors de fêtes saisonnières, portent des toasts aux dieux au cours de plantureux banquets. Les rites magiques et divinatoires occupent une place importante : les *runes (signes de l'écriture germanique)*, permettent d'obtenir la guérison ou l'amour, d'apaiser les tempêtes, de déjouer un piège...

Malgré la christianisation (qui se termine à la fin du XIe s.), des coutumes survivent dans les traditions populaires des anciens pays germaniques.

En une chevauchée fantastique, les Walkyries (messagères d'Odin) prennent part aux combats des hommes. Elles emmènent les héros morts dans le palais d'Odin (Walhalla), où elles servent leurs festins.

Page de gauche : Yggdrasil, l'arbre du monde, est un frêne immense. Sur ses branches, qui s'étendent au-dessus de tout l'univers, est perché un aigle très savant. Des cerfs broutent le feuillage tandis que ses racines sont rongées par un serpent. (D'après un manuscrit islandais du XVIIe s.)

Pierre gravée (VIIIe s.) représentant le dieu Odin sur son coursier à huit jambes, *Sleipnir,* avec lequel il se déplace dans les airs. Une Walkyrie lui offre une corne à boire. En dessous, un navire du même type que les bateaux vikings.

J'en jure le dieu que jure ma tribu ;
à moins que le ciel ne s'écroule,
que la mer ne déborde,
que la terre ne s'ouvre sous nos pieds.
Serment de prince ou de héros celte

Les fêtes
Samhain,
le 1er novembre, marque le début de l'année et le commencement de la *saison sombre :* les barrières s'estompent entre le monde des vivants et celui des morts. Au 1er août, *Lugnasad* célèbre la lumière à son apogée.

Les divinités
Lug, le dieu suprême, a donné son nom à la ville de Lyon, *Lugdunum,* en latin. Taranis (Gaulois) ou Dagda (Irlandais) est le dieu du Monde spirituel. Ogmios (Gaulois) ou Ogme (Irlandais), au visage souriant à droite et menaçant à gauche, est le dieu de la Force guerrière et de la Royauté.

Beltene,
la fête du feu grandissant, a lieu le 1er mai et annonce le début de l'été. La nuit qui précède, pour assurer la santé et la fécondité au bétail, on le fait passer dans la fumée de feux purificateurs.

Chariot cultuel du VIIe s. av. J.-C., représentant une scène de sacrifice d'un cerf

à une déesse de la Fécondité.

Une tradition orale

On trouve des druides dans presque tous les pays celtiques : leurs voyages cimentent l'union de ces peuples. A la fois prêtres, savants et devins, ils sont les gardiens du savoir et de la morale, associés au chêne dont on cueille le gui au cours des cultes. Ils pratiquent un enseignement exclusivement oral comprenant un grand nombre de textes à apprendre par cœur. Un long poème

Le sanglier, dans la mythologie celte, figure l'autorité spirituelle. Son image est associée à celle du druide. En Gaule, la chasse et la mise à mort du sanglier représentent symboliquement le spirituel traqué par le temporel.

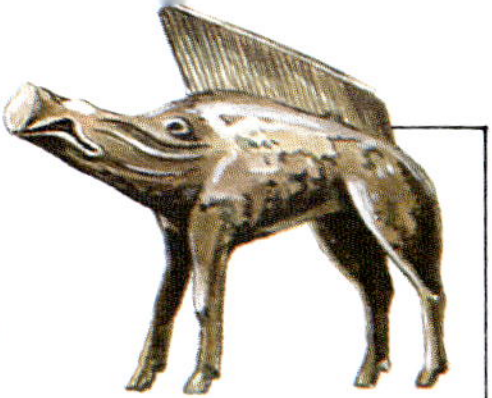

gallois parvenu jusqu'à nous, *le Combat des arbrisseaux,* est au nombre de ceux-là. Il exprime la croyance des Celtes en l'immortalité de l'âme et exalte les états de correspondance qui peuvent exister entre les êtres. Pour les Celtes, la mort n'est qu'un passage d'un monde à un autre. Des échanges se font sans cesse entre le monde des morts et celui des vivants.

Cernunos, *le Cornu,* dieu de la Fertilité et de l'Abondance, lié aux forces sauvages de la nature. (Gravé sur un bassin d'argent du Ier s. av .J.-C.)

Le combat
des arbrisseaux
J'ai été errant
dans l'air,
J'ai observé les étoiles,
J'ai été mot parmi
les lettres,
J'ai été livre
à l'origine,
J'ai été une lampe
brillante
Pendant un an et demi,
J'ai été un pont jeté
Sur soixante estuaires.
J'ai été route, j'ai été
aigle,
*J'ai été coracle**
sur la mer,
J'ai été l'effervescence
de la bière.

* Embarcation légère

Les Etrusques

Ménade (suivante du dieu grec Dionysos, le Bacchus des Romains) sculptée au Ve s. av. J.-C. pour être placée sur le toit d'un temple.

Ce que nous savons de ce peuple se situe dans ce qui est l'actuelle Toscane, où ils furent les principaux rivaux de Rome pour la domination de l'Italie aux VIIIe-Ve s. av.J.-C.

Les Etrusques sont-ils originaires d'Orient, du nord de l'Europe ou descendent-ils d'un ancien peuple d'Italie ? Nous l'ignorons. Leur religion n'a pas encore livré tous ses secrets. C'est un mélange d'anciennes croyances, d'influences orientales, italiques et grecques.

Les dieux

Ils sont une multitude. Au sommet, trône la triade Tinia, Uni et Mernva, ancêtre de la triade romaine : Jupiter, Junon et Minerve. Tinia ressemble beaucoup à Jupiter, excepté qu'il partage avec d'autres dieux le privilège de lancer la foudre. Hercle divinisé n'est autre que le héros Hercule. Artumes est le nom étrusque d'Artémis, équivalent grec de la Diane chasseresse des Romains. Turan signifie la *Maîtresse :* elle est la grande déesse-mère des pays méditerranéens.

Au contact des marins et commerçants grecs, ces dieux locaux évoluent. Les Enfers sont le royaume de Eita (l'Hadès grec) et de sa compagne Persiphaï (Perséphone). Ce couple infernal

Bronze étrusque représentant une Chimère, monstre à corps de lion, avec un serpent en guise de queue et une tête de chèvre sur le dos.

Un paysan qui labourait son champ vit surgir du sillon
un enfant à cheveux blancs, du nom de Tagès.
Il se présenta comme un envoyé des dieux et lui enseigna l'haruspice.
D'après Cicéron

commande à une multitude de démons : Charun, aux grandes oreilles de cheval et au nez crochu, assomme ses victimes

Un devin examine un foie d'animal sacrifié, représenté au dos d'un miroir du IVe s. av. J.-C. Expert dans la science des présages, il interprète la volonté des dieux.

avec un maillet. Tuchulcha, le teint verdâtre, la tête ornée de serpents, annonce aux mortels les tourments qui les attendent aux Enfers.

Les textes

La *disciplina etrusca* regroupe l'ensemble des connaissances permettant d'interpréter la volonté des dieux. Elle comprend le *livre des haruspices,* ou l'art de lire dans les entrailles des animaux, le *livre des foudres,* qui donne la signification des éclairs et coups de tonnerre, et le *livre des rituels.* Aucun de ses textes ne nous est parvenu.

Les rites

Dans cette religion, pas de cérémonies, pas de prière commune, mais la pratique de rites mystérieux, que seul le devin accomplit. C'est un personnage puissant, souvent conseiller des monarques. Les empereurs romains sont toujours accompagnés d'un devin étrusque.

Entre deux bergers, la tête de Tagès sort de terre pour révéler aux hommes la source de la sagesse divine. (Pierre gravée au IIe s. av .J.-C.)

Cet Aplu, l'Apollon des Romains, ornait le toit d'un temple, à Véies. (VIe s. av. J.-C.)

Les Etrusques croient à la survie de l'âme. Elle est double : le mort revit dans sa tombe, emplie de tous les objets nécessaires à son existence (mobilier, ustensiles de cuisine, armes...); en même temps, il rejoint un au-delà imprécis, une vaste grotte dans la terre, où se déroulent festins et jeux, à l'image de ce qui se passe sur terre. Certaines fresques représentent le voyage du défunt, guidé par des génies ailés, vers le monde infernal.

En l'absence de textes étrusques, les peintures qui décorent les parois des tombes sont notre source d'information la plus sûre sur la vie et les croyances de ce peuple mystérieux.

Ce peuple était d'autant plus attaché aux rites religieux qu'il excellait à les mettre en pratique.
Diodore de Sicile

Ici, la tombe des Léopards (470 av. J.-C.), à Tarquinia, est décorée de scènes de banquets. L'œuf, dans la main d'un des personnages, est un symbole d'immortalité.

De nos jours encore, ils (les Etrusques) *inspirent une vive admiration à ceux qui sont les maîtres du monde* (les Romains) *et qui se servent d'eux pour interpréter les signes célestes.*
Diodore de Sicile, Ier s. av. J.-C.

L'au-delà

Pour les Etrusques, le monde obéit à des lois divines, mystérieuses, que l'homme est condamné à subir. La volonté des dieux est partout présente dans la nature. Seul l'haruspice (le devin) est capable de la déchiffrer. Quelquefois, il peut conjurer le mauvais sort par des pratiques magiques et des sacrifices d'animaux, ou même d'êtres humains.

Couple de défunts, modelé sur un sarcophage. (Terre cuite du VIe s. av. J.-C.)

Au cours des siècles, la fatalité pèse de plus en plus sur les Etrusques. Leur vision de l'au-delà évolue : d'abord idyllique, remplie de fêtes, elle s'assombrit, à partir du IVe siècle avant J.-C., pour devenir peu à peu un véritable enfer. Bon ou méchant, personne ne peut y échapper. C'est le moment où le peuple étrusque, attaqué et envahi par ses voisins gaulois et romains, est en train de disparaître en tant que nation libre.

Rome

Une louve aurait allaité Rémus et Romulus, fondateurs légendaires de Rome, sur le mont Palatin.

Les temples
Ils sont dédiés à une divinité. Les cérémonies ont lieu à l'extérieur. Des réunions publiques peuvent s'y tenir.

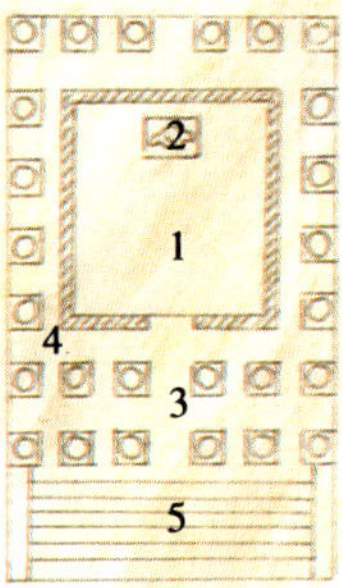

1/ Cella (salle)
2/ Statue de la divinité
3/ Pronaos (vestibule)
4/ Colonnades
5/ Escalier d'accès

Les Romains sont des guerriers et des administrateurs. De petit village, Rome est devenue en quelques décennies la capitale d'un vaste empire. Cet esprit pratique, matérialiste, les Romains le manifestent également dans la religion.

Les croyances

Ils font appel aux dieux en maintes occasions touchant à tous les domaines de la vie quotidienne. Derrière chaque chose, chaque élément de la nature, ils voient la marque d'une puissance divine. L'eau des rivières? C'est un dieu. La force qui fait pousser les fleurs au printemps? Une déesse. Il suffit de s'y référer pour influencer le cours des événements en sa faveur. Les Romains sont attentifs à tout ce qui peut leur révéler la volonté des dieux.

Les affaires publiques et religieuses se traitent au forum. Défilés (triomphes) de l'armée et processions suivent la Voie sacrée.

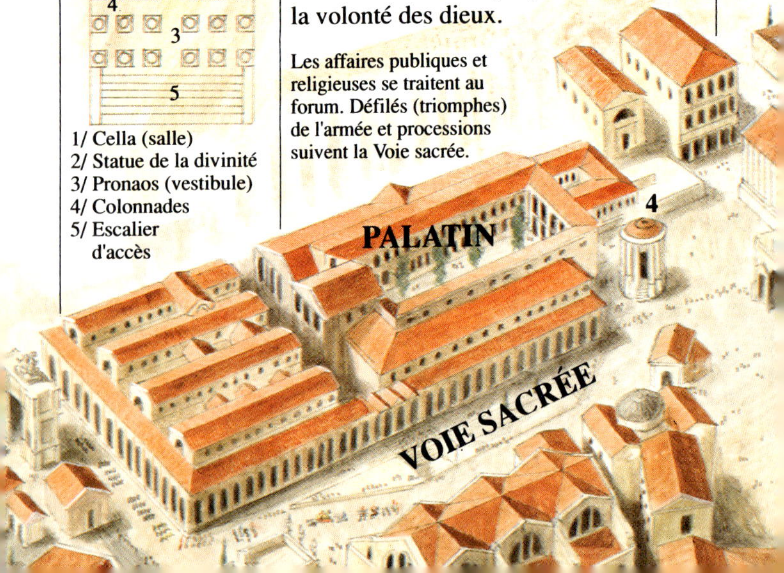

A l'aide de son *lituus* (bâton recourbé en spirale), l'augure délimite un espace, dans l'air ou sur le sol, dans lequel il lit les messages divins ou *présages* annoncés par le vol des oiseaux ou l'appétit des poulets sacrés, élevés pour cette seule fonction.

L'augure est consulté avant toute entreprise publique ou privée.

Le clergé

Le *Grand Pontife* nomme les sept *vestales* consacrées au culte de Vesta, et les quinze *flamines,* prêtres attachés au service d'un dieu. Le collège des *pontifes* préside aux cultes. Les *augures,* les *haruspices* et les *décemvirs* sont spécialistes des présages.

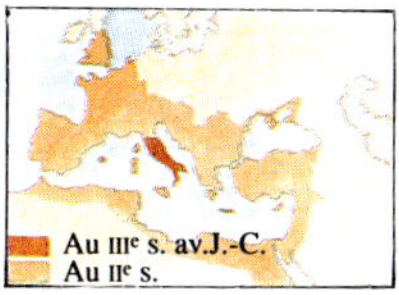

L'empire romain.

1/ Temple de Jupiter
2/ Temple de Junon
3/ Temple de Saturne
4/ Temple de Vesta
5/ Temple de la Concorde

C'est par la piété, par la religion, oui, par cette sagesse privilégiée qui nous a fait comprendre que tout est dirigé et gouverné par la puissance des dieux, que nous avons montré notre supériorité sur tous les peuples et sur toutes les nations.
Cicéron, *De haruspicum responsis* 9, 19

La cité a aussi ses dieux pour la protéger.

Jupiter, Junon et Minerve (ci-dessus) veillent aux destinées de la ville depuis leur temple sur le Capitole.

Les dieux

Ils sont très nombreux et partout présents : les Lares protègent la famille; les Pénates veillent sur le garde-manger et le bien-être de la maison.

En face de ce monde domestique, il y a celui de Faunus qui règne dans les forêts et sur les terres non cultivées. Avec lui, c'est le chaos, la démesure et le désir. On le célèbre le jour des Lupercales (15 février) pour saluer la fin de l'hiver au cours de fêtes joyeuses et débridées, équivalent de notre carnaval!

Saturne est le père du temps, Mercure est attaché au commerce, Mars est un dieu guerrier, Apollon crée la lumière et la musique, Vulcain est le maître du feu, Neptune le dieu de la Mer. Parmi les

Les haruspices déchiffrent dans les entrailles de la victime la volonté des dieux.

déesses, Cérès veille sur les moissons, Diane protège les animaux et la chasse, Vénus offre l'amour et la victoire, Vesta préside dans les foyers. Au Ier siècle avant J.-C, l'empereur est divinisé et reçoit un culte.

Peu à peu, les dieux subissent des influences grecques puis orientales. Des cultes à mystères (p. 54) rencontrent un grand succès : celui de Cybèle, déesse-mère originaire d'Anatolie, de Mithra, (p. 239), d'Isis (p. 76). Ils introduisent la notion de résurrection avant l'apparition du christianisme, au Ier siècle.

Objets utilisés pour les cultes et sacrifices.

Rites et cultes
Chaque maison possède un autel domestique, le *laraire,* où sont honorés les dieux lares. Le chef de famille y est souvent représenté avec deux génies protecteurs. C'est lui qui préside au culte.

Parmi les rites les plus en usage, le *votum* est la promesse solennelle par laquelle le croyant s'engage à faire une offrande à un dieu si celui-ci l'exauce. C'est ce que font tous les généraux avant les batailles.

Janus est le dieu des Commencements (matin, nouvelle année) et des Passages (seuils des maisons, portes des villes).

Il est né le dieu du Maïs
Dans le jardin de pluie et de brume,
Là où l'on crée les enfants des hommes,
Là où l'on pêche des poissons de jade.
Chant aztèque

Quetzalcoatl, dieu principal des Aztèques, appelé aussi Serpent à plumes.

Les dieux

Les dieux incarnent les forces de la nature. Ils sont anthropomorphes (de formes humaines) et zoomorphes (de formes animales), ou combinent des traits de plusieurs animaux.

Le dieu Soleil, d'après une pièce d'orfèvrerie inca.

Le panthéon aztèque réunit des dieux qui sont parfois la synthèse de divinités d'origines différentes :

Dieu-jaguar, mi-homme, mi-félin, vénéré par les Olmèques (1200 av. J.-C.).

Dieu maya de la mort.

La Mort et le Soleil sont évoqués sur les deux faces de cette statuette. Elle représente Xolotl, assimilé à Quetcalcoatl, qui incarne Vénus, l'étoile du soir. Il descendit aux enfers

et en rapporta des os pour créer l'homme.

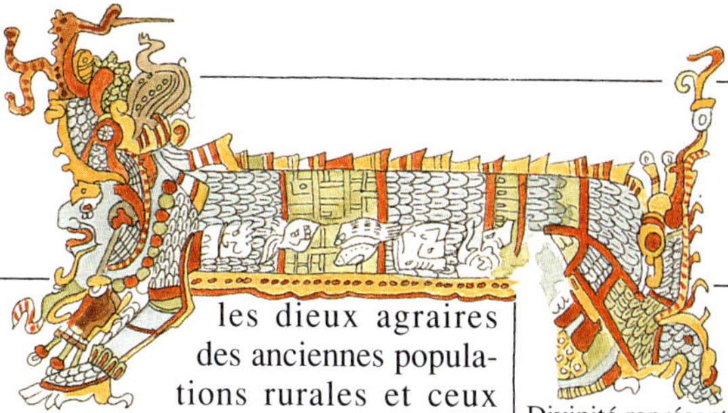

les dieux agraires des anciennes populations rurales et ceux venus de diverses régions du Mexique.

Les Incas vénèrent une divinité suprême, Viracocha, le créateur, en même temps héros civilisateur (p. 58). Ils imposent aux populations conquises le culte du Soleil, afin de renforcer l'unité de l'empire, tout en intégrant dans leur panthéon les divinités locales.

Divinité représentée dans un Codex traitant d'astrologie, science très développée par les prêtres mayas.

Tlaloc, dieu de la Pluie et de la Fertilité, semant des graines. (Fresque de Teotihuacan)

Le dieu Xochipilli symbolisait chez les Aztèques la beauté, l'amour et les fleurs.

Quetzalcoatl, originaire de la région côtière de l'Etat de Veracruz, où il est le dieu de la Végétation et du Renouveau, devient chez les Aztèques le dieu des Prêtres, de l'Art et de la Pensée religieuse. Il est assimilé à Ehecatl, le vent (l'une des plus anciennes divinités méso-américaines), à Nanahuatzin, le dernier soleil (celui de notre ère), ainsi qu'à Xolotl, créateur de l'humanité actuelle. On le voit ci-dessous en compagnie de Xipe Totec, dieu de la Végétation, qui préside aussi au rite *d'écorchement* (aussi est-il revêtu de la dépouille d'une personne sacrifiée).

Parmi (les) *prêtres, on choisissait les meilleurs*
pour en faire les pontifes suprêmes,
qu'on appelait Quequetzalcoa,
ce qui veut dire successeurs de Quetzalcoatl.
Sahagun, missionnaire espagnol, XVIe s.

Reconstitution en coupe du grand temple aztèque de Tenochtitlan. Il a été reconstruit sept fois, à différentes époques

de la croissance de l'Empire aztèque.

Ci-dessous : ensemble cérémoniel maya de Tikal (Guatemala).

Les temples

L'accès au temple est généralement réservé aux prêtres et aux dignitaires de l'Etat. Les cérémonies publiques se déroulent à l'extérieur des sanctuaires. Une forme typique de l'architecture religieuse est la pyramide, fréquente dans les cités méso-américaines ainsi qu'en Amérique du Sud, en particulier sur la côte nord du Pérou où les Mohicas érigent, entre 200 et 700, d'imposantes plates-formes pyramidales.

Dans les cités mayas de la période classique (250-950), les constructions religieuses deviennent de plus en plus colossales et les temples atteignent 40, 50 et même 72 mètres de hauteur. La

Façade du temple de Quetzalcoatl, à Teotihuacan

structure pyramidale est un socle gigantesque qui permet d'approcher le sanctuaire du ciel. Elle peut aussi servir de tombeau, telle la pyramide des Inscriptions de Palenque, au Mexique, où une crypte fut découverte en 1952.

Un autre type de structure, sans doute lié aux cérémonies cultuelles, a été le terrain du jeu de balle, qui apparaît au Mexique avec les Olmèques (de 1200 avant J.-C. au début de notre ère).

Les prêtres. *Le «novice», littéralement le «petit prêtre», était consacré à Quetzalcoatl, dieu des prêtres par excellence. Si, après avoir atteint l'âge de vingt à vingt-deux ans, il décidait de ne pas se marier et d'entrer véritablement dans la carrière sacerdotale, il devenait* tlamacazqui, *«prêtre». (...) Etre appelé* tlamacazqui, *c'est déjà un peu s'égaler à un dieu.* Jacques Soustelle

Temple de Chichen Itza, (Xe-XIIe s.) A droite, une sculpture dont le ventre présente une cavité qui

servait probablement à recevoir les offrandes.

Mon dieu, ton eau de pierre précieuse est descendue.
Le grand cyprès s'est couvert de plumes de quetzal,
Le serpent de feu est devenu serpent à plumes.
Nous voilà délivrés du serpent de feu.
Hymne au dieu Xipe Totec

Pour les peuples méso-américains, l'univers est détruit et recréé selon des cycles.

Couteau rituel de sacrifice, ou *tumi,* en or incrusté de turquoise, représentant le héros civilisateur chimu (côte nord du Pérou).

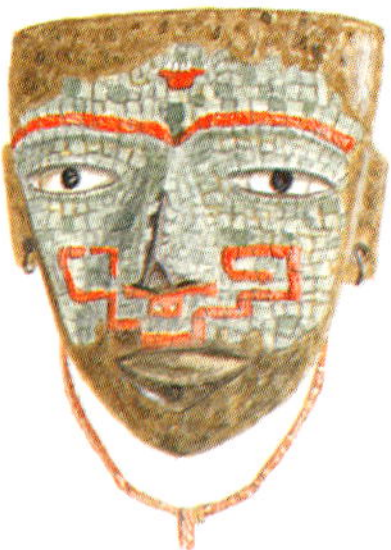

Masque funéraire maya, de Teotihuacan, en serpentine incrustée de corail, de turquoise et de nacre.

Les rites et les fêtes

Les rites familiaux, individuels ou collectifs, s'adressent aux dieux ou aux ancêtres afin de solliciter leur bienveillance, leur médiation, ou de calmer leur courroux. Les pratiques rituelles les plus courantes sont les prières, les jeux, les libations,

Fresque décorant une salle d'un temple maya de Bonampak (IXe s.), représentant une bataille et la célébration d'une victoire.

les combats, les offrandes et les sacrifices.

Chez les Aztèques, l'immolation d'hommes, de femmes ou d'enfants prend des proportions jamais atteintes par d'autres sociétés amérindiennes (indiennes d'Amérique). C'est l'offrande suprême, la seule capable d'éviter la destruction du monde. En période de paix, les Aztèques instituent la *guerre fleurie*, où ils se mesurent à des tribus alliées afin de capturer des prisonniers destinés aux sacrifices.

Les Aztèques pratiquent rituellement l'anthropophagie (consommation de chair humaine).

Les Mayas se livrent aussi à l'auto-sacrifice : mutilations ou saignées que l'individu inflige à son propre corps.

Les Incas célèbrent de grandes cérémonies religieuses, fixées par le calendrier sacré, surtout au moment des solstices, aux différentes étapes des travaux agricoles et lors de l'accession au pouvoir d'un nouveau souverain.

Cérémonie totonaque du Volador : attachés par les chevilles, les hommes tournent dans le vide

Les Indiens du Yucatan, convertis au christianisme, célèbrent aujourd'hui la fête des Saints avec des cerfs-volants qui évoquent les disques solaires de leurs ancêtres les Mayas.

Le grand temple (60 m) de la capitale aztèque Tenochtitlan, surmonté de deux temples jumeaux.

RELIGIONS ACTUELLES

La terre, enroulée en spirale, touchait la lune.
Quand la mer eut laissé au sec un rocher,
la lune retira une dent de sa bouche et la posa sur la pierre.
La dent resta là de nombreux jours, pourrit et les vers
s'y mirent. Les vers qui tombaient sur la pierre
se transformaient en lézards, ceux qui tombaient
dans l'eau se changeaient en anguilles
et les petits des lézards prirent un visage d'homme.

Mythe de la création de Nouvelle-Calédonie

Et pourtant, il y a une chose
Qui est grande, une seule,
C'est dans la cabane, au bord du chemin,
De voir venir le grand jour,
Le jour naissant,
Et la lumière qui emplit le monde.

Chanson esquimau

SANS TRADITION ECRITE

De nombreux peuples de tradition orale sont *animistes*, c'est-à-dire qu'ils croient que les êtres, animés ou inanimés, possèdent une âme semblable à l'âme humaine et que la nature est peuplée d'esprits, bons et mauvais. L'animisme remonte aux âges les plus anciens de l'histoire de l'humanité.

L'Afrique noire

Fétiche-singe du Zaïre portant un sac à magie.

Shango,

dieu du Tonnerre et des Tempêtes, est vénéré par les forgerons et les agriculteurs yoroubas.

Traditions orales

Les religions traditionnelles africaines ne disposent d'aucun livre. Il faut donc faire appel à ce que les gens se sont transmis oralement de génération en génération. Malgré des traits communs, la vie religieuse des Africains revêt des formes très variées suivant les ethnies.

Des religions de la nature

Les hommes d'Afrique noire croient à la présence de forces mystérieuses dans la nature. Les Ashantis (Ghana, Togo, Côte-d'Ivoire) appellent *animaux-sasa* ceux qui sont dotés d'une puissance particulière, par exemple l'araignée.

Ces forces se manifestent plutôt à travers des êtres ou des événements qui sortent de l'ordinaire comme la naissance d'enfants jumeaux, un vent violent et soudain... D'où *animisme*

Assis devant un sanctuaire, un chamane dogon (Mali) et son assistant

(p. 117) le nom donné à ces religions. Les choses ont une âme; elles sont habitées par des forces. Ou bien l'homme s'y résigne, et il vit dans la peur. Ou bien il tente de les amadouer par certains rites.

A Madagascar, les Mahafalys plantent sur leurs sépultures des cornes de zébus et des poteaux sculptés de scènes évoquant les activités des défunts.

Oshun, déesse des Rivières, est honorée par les Yoroubas, au Nigeria.

Une *ethnie* est un groupe de personnes qui ont mêmes langue, coutumes et culture.

Rivière, je te demande la permission de prendre du poisson comme faisaient nos ancêtres avant moi.
Invocation au fleuve (chez les Lobis)

Au Soudan, un jeune homme nouba, le corps maquillé au kaolin (le blanc est la couleur de la mort), est chargé de garder le village après un décès, afin d'empêcher le défunt de revenir parmi les vivants.

L'au-delà et les ancêtres

La croyance à l'au-delà est générale. On distingue souvent trois éléments dans l'homme : le corps, l'âme périssable et l'âme impérissable. Les esprits des ancêtres vivent au milieu des hommes, pour leur bonheur ou leur malheur. On les vénère par des rites, grâce à des objets qui les symbolisent : le pilier central qui soutient la case chez les Bambaras au Mali, un petit autel ou un siège noirci à la fumée ailleurs...

L'Océanie

Statuette chargée d'éloigner des maisons les esprits malfaisants (île de Pâques).

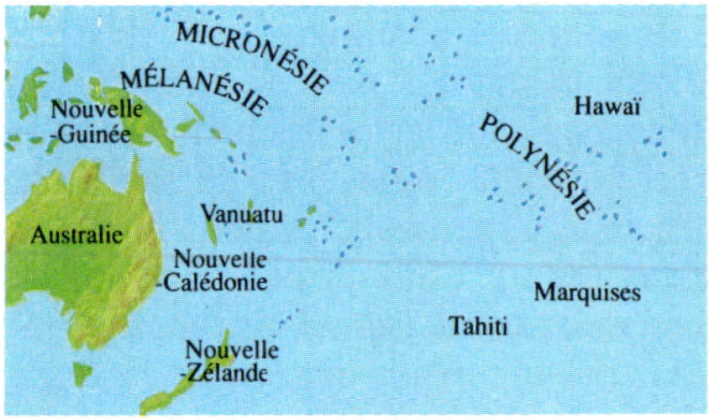

Les sociétés océaniennes se caractérisent par des mythes qui se transmettent oralement et proposent une explication de l'origine des hommes et des civilisations.

Les dieux

Les cycles mythiques les plus élaborés et les mieux connus sont ceux des Maoris de Nouvelle-Zélande. Ils établissent au début le néant, Té Pou, lequel, voulant rompre l'ennui, se dédouble et crée le premier couple, la Nuit et la Mort, opposées au monde de la lumière; puis le second, la Terre et le Ciel. Ces der-

Les statues colossales de l'île de Pâques (Polynésie). Le tuf volcanique dont elles sont faites est un matériau trop fragile pour des petites sculptures.

Les yeux étaient en corail blanc.

Les prêtres
Ils constituent une caste particulière en Polynésie orientale (de Hawaï à la Nouvelle-Zélande). Dès l'âge de huit ans, ils apprennent par cœur, dans des écoles spéciales, la tradition orale chantée concernant l'origine et le travail des dieux.

Les maisons des esprits, de Papouasie-Nouvelle-Guinée.

niers vivaient accolés, mais leurs enfants désirant de l'espace, Tané, l'aîné, réussit à séparer ses parents en faisant l'arbre fourchu.

Tané est le dieu des Humains et de tout ce qui s'élève vers le ciel, les arbres et les oiseaux. Les hommes, ses descendants, sont affrontés à ses frères (les dieux de la Mer, de la Guerre, des Vents...) ou protégés par eux.

Maoui est le héros qui apportera aux hommes ce dont ils ont le plus besoin. Il prendra au piège son grand-père le soleil, l'obligeant à ralentir sa course et à créer l'alternance des jours et des nuits. Il volera le feu à sa grand-mère, la fille de l'éclair, lui demandant l'un après l'autre chacun de ses doigts brûlants, qu'il cachera dans le tronc des arbres au bois dur avec lesquels les hommes pourront faire le feu par friction.

Guerrier de Nouvelle-Guinée paré pour des danses rituelles.

Les rites

Ils sont réalisés en général dans le secret. Les rites collectifs, liés à la fertilité, sont plus spectaculaires. Aux îles Marquises, à Tahiti et à Hawaï, ils ont lieu dans des édifices ayant pour toit le ciel.

De nombreuses cérémonies s'accompagnent de danses, le corps et le visage peints. Ainsi les aborigènes, population indigène d'Australie. Les monts Flinders, au centre de l'île, sont, pour eux, des lieux sacrés.

Je fais naître mon feu, le feu de qui?
Le feu de Maoui, Maoui Tikitiki né de Taranga.(...)
Brûlé par quoi? Brûlé par le feu.
Le feu de qui? Le feu de Mahuika.
Faites qu'il guérisse, afin qu'il puisse nous nourrir.
Incantation maorie

Le pays des morts peut être atteint en suivant les racines d'un banian ou d'un croton. Ou encore, il se substitue à celui des vivants à partir d'un point précis gardé par un oiseau rieur. La tradition orale explique comment un homme, parti à la recherche de sa jeune épouse, l'a ramenée en l'arrachant à la danse de jour, principale occupation des défunts. Ci-contre, près d'un banian, où ont lieu des cultes aux morts, des troncs d'arbres transformés en tam-tams (îles Ambrym, au Vanuatu).

La religion des Océaniens repose sur le principe que la vie et la mort sont deux modes complémentaires de l'existence. Vivants, les hommes et les femmes disposent de la technologie, de la force physique et de la capacité de donner la vie. Morts, ils possèdent la puissance, en particulier sur les éléments et tout ce qui relève de la nature, d'où la fréquence des suicides dans le but de se venger d'un tort qu'on a subi.

La vie est une sorte de courant constant qui relie entre elles les générations successives. L'événement le plus redouté est celui qui coupe ce courant, par absence d'enfants mâles.

Les morts

Ils jouissent d'une vie multiple de par leur puissance. Présents aux limites de l'habitat et des cultures, ils sont appelés par la prière dès qu'il y a un malade. On voit apparaître un mort connu sur la

Les morts vivent au loin, dans un pays qui leur est propre, difficilement accessible aux vivants : sous terre, sous la mer, dans le cratère d'un volcan éteint ou en activité, dans une grotte. Cela peut même être dans une île, qui s'éloigne à l'approche des vivants et qu'aucun Européen n'a jamais pu accoster.

route pour annoncer un décès dans une branche éloignée de la famille. On parle directement à ses morts, sans l'intermédiaire d'un prêtre, à chaque crise émotionnelle.

Pour rejoindre leur pays définitif, les morts suivent un chemin à l'aplomb des falaises ou le long des lignes de crête sur les îles montagneuses. Cette route ne peut couper une source ou un cours d'eau, symboles de vie. Là, ils mènent une vie sociale à l'instar des vivants. Prenant apparence humaine le jour, ils redeviennent tas d'ossements la nuit.

Les morts possèdent aussi la connaissance. C'est en leur nom, après des rêves divinatoires, que sont proposées des mesures d'ordre public, ou des réformes parfois considérables.

Poisson conduit par des dieux. Sculpture de Nouvelle-Irlande.

S'étant servi comme hameçon de la mâchoire de son grand-père, le soleil, Maoui remonte du fond de la mer la Nouvelle-Zélande (Ika a Maoui) et les îles alentour.

Les Indiens d'Amérique du Nord

Prière d'un Sioux, sa pipe sacrée tendue vers le ciel.

Au début du XVIIe siècle, les premiers Européens, dont des missionnaires, pénètrent chez les Indiens de la côte Est de l'Amérique du Nord. Essayant de les convertir, ils découvrent qu'une pratique religieuse est profondément ancrée dans leur société.

Bol en forme de castor, animal symbole d'abondance.

Une religion de la nature

L'Indien est *animiste :* il considère tous les éléments de la nature comme des êtres vivants pourvus d'un esprit, bon ou mauvais. La vie consiste à se concilier ces esprits, à les respecter, à détourner les forces néfastes. Un esprit suprême, mystérieux et inaccessible, domine l'univers, mais il intervient peu

La nature et les hommes sont nés de la volonté du *trickster,* le *farceur.* Sous la forme d'un corbeau, d'un lapin ou d'un coyote, il court le monde, ses intestins entourés autour de son corps, muni d'un pénis prodigieux. Il commet autant d'erreurs que de bienfaits. Il invente la souffrance, les larmes, puis le rire. Il crée des montagnes pour rendre la vie difficile aux hommes, mais leur donne l'intelligence, la force et le courage, leur apprend la magie. Il découpe leurs mains pour former les doigts, perce un trou dans leur visage pour leur permettre de parler.

Chaque clan se place sous la protection d'un animal dont il s'affirme le descendant. *Totem* vient de *ototeman : il est de ma parenté .* Il sert de lien aux membres du clan et est vénéré.

ici-bas. Les Sioux le nomment *wakan*, les Iroquois *manitou*. Il se manifeste par le vent qui court sur le lac ou par le grondement du tonnerre sur la plaine.

L'Indien doit respecter les coutumes de la tribu; une transgression entraîne maladie, fuite du gibier, mauvaises récoltes. Lors de la chasse, la proie doit être obtenue avec le consentement du *Maître des animaux*, animal mythique qui veille sur son espèce. Le castor, par exemple, doit être dépecé d'unc certaine manière, et ses os protégés des chiens.

Chasse aux bisons et rochers assemblés afin de les attirer. (D'après Bodmer, XIXe s.) Le bison est la nourriture principale des Indiens des Plaines.

Puissiez-vous, ancêtres, garder nos prairies et nos montagnes florissantes d'herbe et de gibier.
Alfonso Ortiz

Si tu n'acquiers pas un esprit pour t'aider,
tu ne seras jamais considéré
par tes autres compagnons.
Conseil d'un père à son fils

La jeune fille ne suit pas la même voie que le garçon. La puberté lui confère des pouvoirs magiques, notamment celui de donner la vie.

Masque dit *du parleur* porté par les Iroquois pour éloigner les esprits malfaisants.

Danse du bison, chez les Mandans. Pour capter la force d'un animal, on se revêt de sa dépouille et on s'identifie à lui par la danse.

Le génie tutélaire

Face à la multitude des esprits, l'Indien a besoin d'une protection. C'est le rôle de son génie tutélaire, dont il se met en quête à la puberté, en s'isolant dans la

Au début de l'été a lieu la *danse du soleil* afin de remercier le Grand Esprit pour les plantes et les animaux. La danse est l'occasion de consacrer la virilité des jeunes guerriers. Un arbre est planté, autour duquel évoluent les danseurs, en regardant le soleil. Ils sont suspendus à ce poteau central par des lanières de cuir dont les broches en os sont accrochées à leur poitrine. Au cours de la cérémonie, la peau se déchire et libère les jeunes hommes, qui ont offert leur souffrance à Wakan. (D'après une peinture de Catlin, XIXe s.)

forêt, jeûnant et fumant du tabac. Après plusieurs jours de souffrance, le génie se manifeste sous la forme d'un animal ou d'un être proche de l'homme. Il enseigne au jeune homme paroles et chants magiques, tel *le chant de mort* que le guerrier entonne en cas de danger. Il lui révèle la contenance du *sac médecine,* gage visible de leur alliance, où l'Indien dissimule des objets sacrés, et qu'il porte toujours sur lui..

Le chamane

Dans certains cas, le génie tutélaire accorde des facultés surnaturelles : *voir* son destin, apprivoiser des esprits, voyager dans le *pays des morts*. L'Indien riche de cet enseignement devient alors un *chamane,* un *homme médecine,* baptisé *sorcier* par les Blancs, un spécialiste du dialogue avec le monde surnaturel. Il guérit les malades et chasse les mauvais esprits.

Principales tribus

Les *Katchinas,* compagnons des ancêtres, s'incarnent dans des danseurs masqués et menacent les enfants désobéissants.

L'oiseau de l'orage : aigle provoquant le tonnerre par le battement de ses ailes et les éclairs avec son bec.

Après la mort, l'âme, par la voie lactée, gagne le *pays des chasses éternelles,* réplique du monde des vivants où règnent l'abondance et le plaisir. Parfois, l'âme s'incarne dans un nouvel être. Si le rite de sépulture n'est pas respecté, on redoute les fantômes.

Divers types d'habitat. A droite : maison collective abritant plusieurs familles apparentées.

L'Amazonie est envahie par la grande forêt équatoriale, traversée par le plus long fleuve du monde et des milliers de cours d'eau. Les Indiens y cultivent le manioc et le maïs, pratiquent la chasse, ramassent racines et fruits sauvages.

Les esprits

Pour les Indiens, la nature est un immense temple habité par les esprits. Ceux-ci investissent les animaux, les plantes, parfois les hommes, pour les rendre malades. De nombreuses fêtes ont pour but de les amadouer; on honore l'esprit du manioc, du maïs, du tabac pour qu'ils continuent à s'offrir aux hommes. Si des esprits dangereux menacent quelqu'un, le chamane doit intervenir. Initié par un esprit, il absorbe une

Sous la conduite du chamane, la drogue est partagée jusqu'à l'extase collective.

De longues tiges creuses permettent de s'insuffler la drogue dans les narines.

Les Indiens d'Amazonie

drogue. Son âme, libérée, va chercher celle emportée par le mauvais génie.

Les rites

Ils marquent les étapes de la vie de l'Indien et son intégration au groupe. A sa naissance, des noms le protègent; à la puberté, il reçoit des tatouages, subit des épreuves parfois très violentes où il doit prouver son courage. Le mariage permet de s'allier à un autre clan. Après la mort, le corps est brûlé. Quelques mois plus tard, une autre cérémonie libérera les vivants de la présence de l'âme, qui rôde près du village. Chants, danses, pleurs vont la chasser pour qu'elle gagne le ciel. Les masques jouent un rôle important. Sous eux, l'esprit prend vie, se fait connaître à la tribu et dialogue avec elle.

Coiffe de plumes portée lors des rites d'initiation. Les plumes évoquent le soleil.

Le collier de griffes de jaguar protège des pouvoirs magiques de cet animal.

Certaines ethnies portent la lèvre inférieure étirée.

Les peuples arctiques

Masque inuit représentant la *Femme de la lune*.

Les peuples arctiques vivent dans un milieu très rigoureux. Leur économie est fondée sur la chasse, la pêche et, pour certains, sur l'élevage du renne.

Une religion de la nature

Pour la plupart, la terre a été prise, à la suite d'un *déluge,* au fond d'un océan originel. C'est avec un peu de cette terre que le monde où nous vivons a été créé. La terre est plate, soutenue par un animal géant; le ciel prend appui sur des piliers. Autour de l'étoile polaire tourne la voûte céleste. Il existe ainsi plusieurs *mondes* étagés au-dessus et au-dessous du nôtre.

Les êtres vivants – les pierres et les arbres sont vivants – possèdent un corps, une *âme* et une *ombre*. Les bois, la toundra glacée sont peuplés d'*esprits* que seuls peuvent approcher les *chamanes* (p. 39). L'âme, immortelle, se rend, après la mort, au *royaume des ombres,* souvent souterrain.

Les rites

L'homme n'est qu'un élément, non le maître, de la Création. Il doit, par des rites, préserver l'harmonie entre les créatures. Le chasseur prie l'*âme* de l'animal qu'il vient de tuer, afin qu'elle prévienne ses semblables qu'elle a été bien traitée. En Alaska, la baleine harponnée par les chasseurs est l'*invitée* du village auquel elle *offre* sa chair.

Anky-Kiele, l'Esprit de la mer. Vers lui descend l'esprit d'un chamane, pour lui demander d'envoyer aux hommes poissons et animaux marins.
(D'après un dessin du Tchouktche Onno, Est sibérien, 1945)

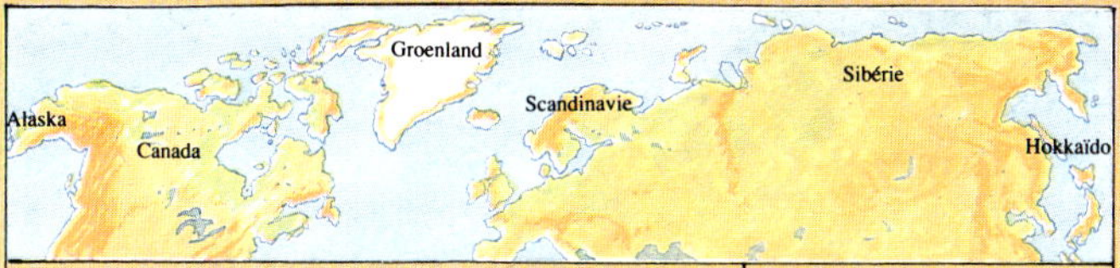

Les peuples arctiques vivent dans le nord de l'Europe occidentale (Lapons), en Sibérie soviétique (Samoyèdes, Toungouses...), dans l'île japonaise d'Hokkaïdo (Aïnous), en Alaska, au Canada (Inuits, Aléoutes), et au Groenland (Inuits).

Comme chez les Indiens d'Amérique du Nord, l'ours est l'objet d'un respect particulier, car on le

dit proche de l'homme. Ici, les Aïnous (au Japon) sacrifient un ourson pour que son esprit aille supplier les dieux de rendre le gibier abondant.

Donne-moi le pouvoir de repousser les Esprits noirs / Donne-nous la puissance de mille vents / Pour balayer les Forces mauvaises.

Incantation de chamane

Les dieux

Tous croient en un dieu suprême. Ce peut être un dieu des Forêts et du Gibier, un dieu du Ciel, du Tonnerre ou du Soleil, une déesse de la Mer...

Dans la transe, l'*âme* du chamane voyage au pays des esprits, découvrant l'avenir, la cause des maladies, la façon de ramener le gibier disparu, etc.

LES RELIGIONS ACTUELLES

Les hommes attendent des diverses religions la réponse aux énigmes cachées de la condition humaine qui, hier comme aujourd'hui, troublent profondément le cœur humain : Qu'est-ce que l'homme? Quel est le sens et le but de la souffrance? Quelle est la voie pour parvenir au vrai bonheur? Qu'est-ce que la mort, le jugement et la rétribution après la mort? Qu'est-ce enfin que le mystère dernier et ineffable qui entoure notre existence, d'où nous tirons notre origine et vers lequel nous tendons?

Concile chrétien Vatican II

Les doctrines que je vous ai engagé à pénétrer,
vous devez bien les préserver, bien les garder,
afin que cette vie sainte puisse suivre son cours et puisse
durer à travers tous les âges pour le bien et le bonheur
des foules, pour la consolation du monde,
pour la joie et le bien-être, le bonheur
des esprits et de l'homme.

Bouddha Sakyamouni

Le judaïsme

Le chandelier à sept branches, ou *menorah*, est fait selon le modèle dicté par Iahvé à Moïse. C'est un objet de culte, devenu l'emblème du judaïsme.

Itinéraire d'Abraham

Naissance d'un peuple

L'histoire du peuple juif commence il y a près de 4000 ans, à Our, en Mésopotamie (p. 64). Vivent là divers peuples sémitiques (p. 80) parmi lesquels les Hébreux, soumis à de fréquentes migrations. Un de leurs clans ira plus loin que les autres : avec son chef Abraham, il quitte la Mésopotamie pour se fixer en Canaan. Mais poussés par la famine, ses descendants devront gagner l'Egypte, riche en blé.

Les Hébreux tombent peu à peu en servitude, esclavage qui durera quatre siècles (1600-1200 av. J.-C.). Soudés entre eux par la ségrégation imposée par les Egyptiens, ils rêvent de regagner la terre de leur père Abraham : le pays de Canaan. De génération en génération, les récits se transmettent sur leur

A l'origine, les Hébreux sont plus sédentaires que nomades. Fixés en Mésopotamie, ils sont éleveurs et agriculteurs.

Va-t-en de ton pays, de ta patrie et de la maison
de ton père vers le pays que je te montrerai.
Je ferai de toi une grande nation.
La Genèse, XII, 1

grand ancêtre et ses descendants : Isaac, Jacob... (les Patriarches); à travers eux s'élabore et s'affermit au fil des siècles la croyance en un dieu unique : le premier monothéisme de l'histoire de l'humanité.

Avec ce Dieu qui n'a ni forme ni nom, ils inaugurent une relation, nouvelle elle aussi dans l'histoire, fondée sur une alliance, un contrat. C'est lui qui a guidé Abraham et qui lui a donné une patrie, Canaan : *A ta descendance je donnerai ce pays* (Genèse 12, 7). En revanche, Abraham s'est engagé à le servir avec une confiance absolue : c'est la première *alliance* (véritable sens du mot *Testament)* entre le peuple d'Abraham et son Dieu : alliance qui sera renouvelée avec Isaac et Jacob, fils et petit-fils d'Abraham, et plus tard avec Moïse.

Abraham se prépare à sacrifier son fils Isaac à la demande de l'Eternel. Celui-ci l'arrête :*Tu n'as pas refusé ton fils, ton unique, je te bénirai et je multiplierai ta descendance.* La Genèse, XXII, 17

Le songe de Jacob.
(Peinture du XVe s.)
Il eut un songe et voici qu'une échelle était dressée par terre, sa tête touchant aux cieux, et voici que des anges de Dieu montaient et descendaient sur elle. Et voici que l'Eternel se tenait debout près de lui. Il dit : «Je suis l'Eternel, Dieu de ton père Abraham et Dieu d'Isaac. La terre sur laquelle tu es couché, je te la donnerai, ainsi qu'à ta descendance. Je suis avec toi, je te garderai partout où tu iras.»
La Genèse, XXVIII, 11-15

Dieu ne pouvant être nommé (p. 22), la tradition israélite (juive) le désigne par un qualificatif, *l'Eternel.*

Or le mont Sinaï était tout fumant, parce que sur lui était descendu l'Eternel dans le feu. (...) *Toute la montagne tremblait.* (...) *Moïse parlait et la voie divine lui répondait.*
Exode, XIX, 18-19

Moïse viendrait de l'hébreu *sauvé des eaux*, ou de l'égyptien *Msès, dédié à.*

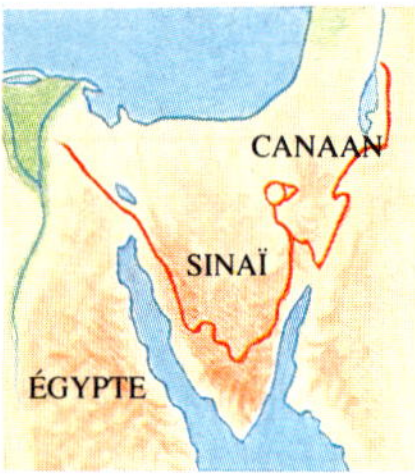

Un des itinéraires supposés des Hébreux à leur sortie d'Egypte.

Moïse recevant les Tables de la Loi. (Miniature du XIIIe s.)

Les fondateurs

Avec Moïse apparaît le véritable fondateur de la religion des Hébreux, celui qui va leur donner une Loi qui est encore au cœur du judaïsme. Il libère le peuple d'Israël de l'esclavage, l'entraîne dans une migration qui durera quarante ans, à travers le désert du Sinaï, et qui les conduira à la terre de leurs ancêtres, Canaan, la *Terre promise*.

C'est au cours de ce long exode qu'il leur donne les *Tables de la Loi,* sorte de charte qui se résume en Dix Commandements. Il codifie également les préceptes qui réglementent tous les détails de la vie quotidienne. L'Alliance est renouvelée entre Dieu et son peuple.

Moïse écrivit toutes les paroles de l'Eternel. (...) *Puis il prit le Livre de l'Alliance et le lut aux oreilles du peuple. Ils dirent : «Tout ce qu'a dit l'Eternel, nous le ferons et l'écouterons.»*
Exode, XXIV, 4 et 7

Second Temple de Jérusalem construit en 516 av. J.-C.

Arrivé en Canaan, le peuple d'Israël prospère. Il a des rois dont les plus glorieux sont David et Salomon, son fils. Mais il sombre souvent dans l'injustice et l'immoralité, oubliant son dieu, lequel lui envoie des prophètes pour lui rappeler ses promesses.

Vient le temps des épreuves : la destruction du Temple élevé sous Salomon (587 avant J.-C.) et l'exil à Babylone. Là, sans Arche, sans Temple, sans terre, sans roi, il apprend à vivre avec son Dieu pour seul refuge, dans l'observance de ses lois. Un demi-siècle plus tard, au retour de l'exil, le Temple est reconstruit tandis que le prêtre Esdras organise la vie religieuse, donnant une place plus importante à la prière, chez soi et à la synagogue. Le Second Temple est détruit par les Romains en 70. En 135, les juifs sont vaincus. Commence alors la dispersion aux quatre coins du monde, la *diaspora*.

Arche d'Alliance (bas-relief retrouvé dans les ruines de Capharnaüm). La Loi fut gravée sur deux tables de pierre déposées dans une arche qui accompagna les Hébreux jusqu'à la Terre promise, puis fut placée dans le *Saint des Saints* du Temple de Jérusalem.

Or l'Eternel marchait au-devant d'eux, le jour dans une colonne de nuée pour les guider sur la route et la nuit dans une colonne de feu pour les éclairer.

Exode, XIII, 21

Tu n'auras pas d'autres dieux en face de moi. (...)
Tu ne te feras pas d'idoles. (...)
Tu ne prononceras pas en vain le nom de Dieu. (...)
Souviens-toi du jour du Sabbat pour le sanctifier. (...)
Honore ton père et ta mère. (...)
Tu ne tueras pas. Exode, XX

Bible vient du mot grec *biblia*, qui signifie *livres*.

Le Sanctuaire du Livre abrite les manuscrits découverts en 1947 près de la mer Morte, dont le rouleau du prophète Isaïe. Ce manuscrit du Ier s. av. J.-C. est l'un des plus anciens textes de la Bible connus en hébreu.

Les textes

L'ensemble des croyances et des traditions juives est exprimé dans une littérature qui remonte à l'Antiquité et se prolonge jusqu'à nos jours. Elle est pour la plus grande part écrite en hébreu, mais aussi en araméen, langue parlée en Palestine et en Mésopotamie, puis, au Moyen Age, en arabe.

La *Bible*, ou *Loi écrite*, est constituée de vingt-quatre ouvrages rédigés à différentes époques par des auteurs qui transcrivent un savoir jusque-là transmis oralement. Ces textes sont réunis dans leur forme définitive au Xe siècle. La Bible comprend trois parties :
– la *Torah*, ou *Loi de Moïse*, appelée

Célébration de la fête de *Simha Torah*, devant le Mur occidental, vestiges du Temple de Jérusalem, appelé par les chrétiens *Mur des Lamentations*. La lecture de la *Torah* se fait sur une copie manuscrite du texte effectuée sur des feuilles de parchemin collées et cousues bout à bout, puis fixées à deux hampes de bois sur lesquelles elles s'enroulent. Le double rouleau ainsi obtenu est le *Sefer-Torah*, objet d'un grand respect.

Pentateuque parce qu'elle réunit cinq livres : la *Genèse*, l'*Exode* le *Lévitique*, les *Nombres* et le *Deutéronome*, lequel se termine par la mort de Moïse, vers 1200 avant J.-C.;
– les *Livres des Prophètes*, qui vont de la mort de Moïse au retour de l'exil de Babylone (536 avant J.-C.);
– les *Hagiographes* ou *écrits saints :* les *Psaumes*, poèmes attribués au roi David, les *Chroniques*, les *Proverbes*...

La *Loi orale*, ou *Talmud*, comprend :
– la *Michnah*, texte du IIIe siècle : enseignements concernant l'application de la *Torah ;*
– la *Guemarah :* traités résumant des débats portant sur la *Michnah;*
– la *Cabbale* (ou *Tradition)* : interprétation plus ou moins secrète de la *Loi* (p. 54), remonte à l'Antiquité. L'ouvrage cabbalistique le plus célèbre est le *Zohar* (ou *Livre de la Splendeur)*.

Travail de restauration des manuscrits.

יהוה

Ces quatre lettres, ou *tétragramme sacré*, symbolisent le nom de Dieu; les prononcer est rigoureusement proscrit chez les juifs.

En ce jour, l'Eternel, ton Dieu, te recommande d'exécuter ces diverses lois et ces statuts ; tu t'appliqueras donc à les observer de tout ton cœur et de toute ton âme.
Deutéronome, XXVI, 16

Sauf les jours de Sabbat et de fête, les hommes fixent par des lanières à leur front et à leur bras gauche les *tefillin,* petites boîtes de cuir contenant des versets bibliques copiés sur des parchemins.

A treize ans, l'accession du jeune garçon à la majorité religieuse est marquée par une cérémonie, *la Bar-Mitzvah.* Pour la première fois, il revêt le *talit* (châle muni de franges à ses quatre coins, évoquant les préceptes divins et dont les hommes se couvrent la tête durant les offices), il fixe à son bras les tefillin et lit un chapitre de la Torah. Il est désormais tenu à l'observance des rites et peut compter parmi les dix hommes nécessaires pour célébrer un office publiquement.

Les rites

La vie quotidienne des juifs est soumise à des pratiques et obligations. Le nouveau-né reçoit un nom hébreu au cours d'une prière récitée à la synagogue. Huit jours après sa naissance, l'enfant mâle est circoncis :

Vous ferez circoncire la chair de votre prépuce, ce sera le signe de l'Alliance entre moi et vous.

La Genèse, XVII, 11

A trente jours, il est *racheté* par son père qui remet à un rabbin une pièce d'argent, rappelant ainsi que les premiers-nés des troupeaux étaient sacrifiés à Dieu et que ceux des hommes étaient rachetés.

Ci-dessus : doigt de lecture permettant de suivre le texte sacré, lequel ne peut être effleuré du doigt.

La *kipa* est une petite calotte que les juifs portent sur la tête en signe de soumission à Dieu.

Six jours tu travailleras et feras toute ta besogne, mais le septième est le Sabbat pour l'Eternel, ton Dieu.
Exode, XX, 8

Le *Sabbat* (du vendredi au crépuscule au samedi à la nuit close) est une fête qui rappelle que Dieu se reposa le septième jour après la Création, et que l'homme lui est semblable. Aussi le juif s'abstient-il ce jour-là de travailler, d'allumer ou d'éteindre lumière et feu, de cuisiner, de coudre, d'écrire, de manipuler de l'argent, d'utiliser des véhicules.

L'alimentation doit être *convenable (cachère)*. Sont interdits les non-ruminants dont le sabot n'est pas fendu (porc, cheval...), les poissons sans écailles ni nageoires ainsi que les animaux tués sans avoir été égorgés et vidés de leur sang. La santé des animaux est vérifiée par un rabbin. Les menus ne doivent pas mélanger viande et laitage.

Le mariage religieux ne peut unir que deux personnes de religion juive.

Rabbin sonnant du *shofar*, corne de bélier rappelant l'animal sacrifié par Abraham à la place d'Isaac (p. 137).

Samedi vient du latin *sabbati dies :* le jour du sabbat.

La *mezuzah* est un petit étui de métal fixé sur les portes d'entrée des maisons et qui contient un passage de la Torah.

Sept jours durant tu mangeras des azymes
et au septième jour il y aura une fête de l'Eternel (...)
Ce sera pour toi un signe sur ta main
et un mémorial entre tes yeux,
afin que la Loi de l'Eternel soit en ta bouche.
Exode XIII, 6, 9

Les fêtes

Dans le calendrier juif, les années sont numérotées à partir de la Création en se référant à la Bible : 1989 correspond à l'an 5749. L'année commence à

Pendant la fête de la Pâque, on mange des herbes amères et du pain azyme (non levé) en souvenir de l'esclavage en Egypte et de la traversée du désert. Les deux premiers soirs, la cérémonie du *Seder* rappelle le dernier repas pris en esclavage; elle s'accompagne de la lecture de la *Haggadah,* récit commenté de la libération du peuple hébreu (p. 136).

l'automne, selon un cycle lunaire de 354 jours.

– *Pessah,* la Pâque, dure huit jours et évoque la sortie d'Egypte. C'est la fête du renouveau de la nature.

– *Chavouoth* ou fête des Semaines, sept semaines plus tard, commémore le don de la Torah. C'est la fête des prémices. Les synagogues sont décorées de fleurs; on lit les *Dix Commandements* et le *Livre de Ruth.*

– *Souccoth,* la fête des cabanes, célèbre les récoltes, à l'automne. Elle rappelle la traversée du désert : *Dans des cabanes vous habiterez sept jours (...) afin que vos générations sachent que j'ai fait habiter les enfants d'Israël dans des ca-*

La lecture de la Torah accompagne toutes les fêtes.

Rochachana marque le début de l'année religieuse et des dix jours de pénitence consacrés au repentir, durant lesquels un tribunal céleste juge les créatures. Les prières sont ponctuées de la sonnerie du *shofar* (p. 143).

Rochachana se termine par *Yom kippour,* ou *jour du pardon,* consacré au jeûne et à la prière continue.

banes lorsque je les ai fait sortir du pays d'Egypte. Lévitique, XXIII, 42-43

On construit, lors de cette fête, des cabanes en toit de feuillages, souvenir de la protection divine au désert. Durant la prière, on agite un bouquet de palmes (rameaux dc saule, de myrthe et de cédrat), symbole de l'unité du peuple de Dieu dans sa diversité. Le huitième jour, on prie pour obtenir la pluie. Le neuvième est *Simhat Torah,* qui clôt le cycle annuel des lectures de la *Torah*.

Hanoukkah, fête de la lumière, rappelle, au solstice d'hiver, la restauration du service sacré dans le Temple purifié (165 av. J.-C.), après la persécution des colonisateurs grecs. Pendant huit jours, on allume chaque jour une bougie d'un chandelier à huit branches.

Pourim, ou fête des sorts, commémore, au printemps, la délivrance des juifs de Perse, menacés d'extermination. Elle donne lieu à des réjouissances et à des actes de charité; à Tel-Aviv, à New York, des carnavals déferlent dans les rues.

Juif désigne un fidèle du judaïsme, mais aussi l'appartenance au peuple d'Israël.

Et pourtant, même alors,
quand ils se trouveront relégués
au pays de leurs ennemis, je ne les aurai ni dédaignés
ni repoussés, au point de les anéantir.
Lévitique, XXVI, 44

Le *ghetto* est un quartier ou une rue où les juifs furent contraints d'habiter, dans de nombreux pays d'Europe, à partir du Moyen Age.

Les juifs dans le monde

Dès les premiers siècles de notre ère, les juifs doivent se disperser de par le monde : Babylone, Alexandrie, Rome et tout le bassin méditerranéen. Persécutés à un moment ou à un autre de leur histoire, ils gagnent l'Allemagne, l'Angleterre, l'Europe de l'Est. Expulsés, ils n'ont bientôt qu'à choisir entre la conversion au christianisme ou le ghetto. Les pogroms de Russie les font émigrer jusqu'aux Etats-Unis. Des rescapés du nazisme choisissent de retourner sur la terre de leurs pères : l'Etat d'Israël est créé le 14 mai 1948. Ceux qui restent dans la diaspora, tout en demeurant à part entière citoyens de leur pays d'adoption, les soutiennent par leur solidarité.

Un juif sur six vit en Israël (c'est-à-dire 3 millions), mais c'est aux Etats-Unis que l'on rencontre la plus importante communauté juive mondiale : 6 millions, descendants pour la plupart de juifs d'Europe de l'Est, ou *Ashkénazes*, ayant fui les pogroms polonais et russes du siècle dernier et la persécution nazie. L'Europe compte pour sa part un peu plus de 4 millions de juifs, dont la

Les *pogroms* (mot russe) désigne les violences dont les juifs furent victimes par milliers, en Pologne et en Russie, dans la seconde moitié du XIXe s. Contraints d'émigrer sans cesse, les juifs furent considérés comme un peuple errant.

En 1933, Adolf Hitler, fondateur du nazisme, prend le pouvoir en Allemagne et met en œuvre une politique d'extermination systématique des juifs. Ceux-ci sont déportés dans des camps de concentration, où ils seront détenus dans des conditions atroces avant d'être exécutés. Six millions de juifs ont ainsi disparu.

Prise du ghetto de Varsovie, en 1943, par les troupes de Hitler.

moitié en URSS. 550000 sont établis en France, dont plus de la moitié sont des *Sépharades*, juifs d'Afrique du Nord rapatriés lors de l'indépendance de la Tunisie et de l'Algérie.

Le retour en terre d'Israël est toujours symbolisé par la plantation d'arbres.

- 3 millions (Israël)
- 6 millions (Etats-Unis)
- 500000 à 2 millions
- Moins de 500000

Le christianisme primitif

Le prophète juif Isaïe (ci-contre) annonce, au VIIIe s. av. J.-C., la venue d'un *messie* ou envoyé de Dieu : *esprit de sagesse et de discernement, esprit avisé et vaillant, esprit de connaissance et de crainte de Iahvé.*

Isaïe, XI, 2

Le Christ, d'après une mosaïque du XIIIe s. En grec, *christ* signifie *messie*.

A l'origine du christianisme se trouve la personnalité de Jésus de Nazareth.

Né quelques années avant notre ère, il vit une jeunesse obscure comme fils d'artisan dans une bourgade de Galilée. Vers trente ans, il se met à prêcher et à regrouper des disciples dans cette région du Nord de la Palestine.

Le monde juif est alors morcelé entre une province romaine et quelques petits états vassaux gouvernés par une dynastie étrangère. Cela entraîne un conflit entre ceux qui acceptent plus ou moins cet état de choses et ceux qui espèrent, se référant aux anciens prophètes (p. 138), une intervention divine qui les délivrerait. Ce conflit est exaspéré par la confrontation de la foi juive, strictement monothéiste (p. 22), avec les religions des envahisseurs romains et grecs.

Jésus, le Messie

A ses contemporains, Jésus apparaît comme le promoteur d'une tendance nouvelle, mais avec des traits particuliers qui le distinguent des autres :

– Se réclamant d'une mission divine, il ne s'appuie pas, comme les docteurs de son temps, sur les interprétations tradi-

Il (Jésus) *monte sur la montagne et appelle ceux qu'il voulait. Il fit que douze soient avec Lui.*

Marc, III, 13

(D'après un manuscrit grec du XIe s.)

tionnelles des Ecritures juives, mais il en propose de nouvelles au nom de Dieu qu'il appelle *son Père*. Son autorité est encore accrue par son extraordinaire pouvoir sur les consciences, et jusque sur la maladie et la mort.

– Dégageant, dans la loi juive, l'intention profonde de Dieu, il proclame la supériorité de l'esprit sur la lettre : *le sabbat est fait pour l'homme et non l'homme pour le sabbat.*

– Il propose comme règle suprême de toute la vie un amour profond de Dieu et des hommes. Toute son existence en est le témoignage, notamment vis-à-vis des plus petits et des plus faibles.

Son action

Il fait naître chez les foules un grand enthousiasme, mais aussi la déception en refusant d'assurer leurs espérances politiques.

Il se heurte de plus en plus à l'hostilité des chefs religieux de la nation, qui se refusent à voir en lui un envoyé de Dieu. Au bout de deux ans, vers la Pâque de l'an 30, ils le font condamner à mort et crucifier par l'autorité romaine.

Mais il suscite chez ses disciples une foi de plus en plus ferme, confirmée par sa résurrection. Ceux-ci reconnaissent en lui le messie attendu par la nation juive et le *Fils de Dieu*, l'envoyé par excellence du Dieu d'Israël.

Episodes de la vie du Christ : rencontre avec la Samaritaine, l'exclue; guérison de lépreux et d'un paralytique.

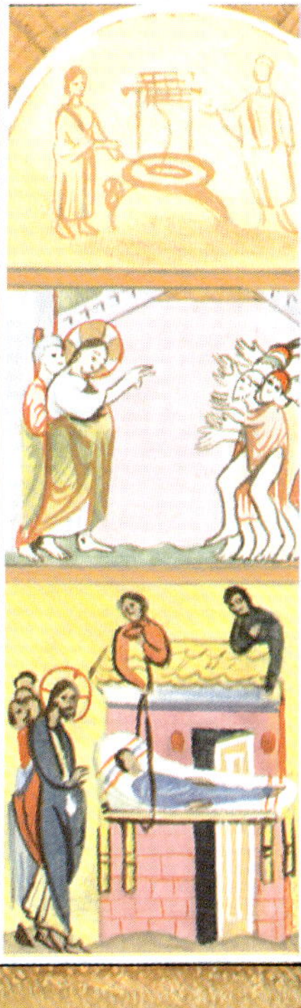

Celui dont la maladie s'appelle Jésus
ne guérira jamais.
Ibn al-Arabi, mystique musulman du XIIIe s.

Le poisson est un des symboles du Christ. Il était le signe de reconnaissance des premiers chrétiens.

Les textes

Jésus n'a laissé d'autre texte sacré que ceux déjà reçus dans le monde juif : la Loi, les Prophètes et les autres écrits faisant autorité comme parole de Dieu (p. 140). Comme la liste n'en était pas définitivement établie et reconnue de tous, des divergences ont toujours existé chez les chrétiens à ce sujet.

Evangéliste dictant son texte à un copiste sous l'inspiration divine. (D'après un manuscrit arménien)

L'ange est le symbole de l'apôtre Matthieu.

Le lion est associé à l'évangéliste Marc.

Le taureau est l'animal-symbole de Luc.

L'aigle est l'attribut de l'évangéliste Jean.

Mon commandement est que vous vous aimiez les uns les autres comme je vous ai aimés.
Evangile de Jean, XV, 12

Ces Ecritures, qui seront groupées sous le nom d'*Ancien Testament,* sont lues dans un contexte et un esprit nouveaux. En les dégageant du judaïsme, on s'efforce d'y voir l'annonce de l'œuvre de Jésus et de l'esprit qui anime son message. Pour répondre à ce besoin, une littérature chrétienne s'est adjointe à ces textes : on lui a donné le nom de *Nouveau Testament.* Elle s'est constituée du milieu du Ier siècle jusque vers l'an 100, et même 150. Cc sont :

– Les *Evangiles* (en grec, *Bonne Nouvelle)*, sont écrits à partir des souvenirs des premiers témoins et destinés aux Eglises. Ils sont au nombre de quatre : l'Evangile de Marc, le plus ancien et le plus concret; ceux de Matthieu et de Luc, respectivement conçus à l'usage des chrétiens venant du judaïsme et de milieux païens; celui de Jean, le plus tardif, d'une réflexion plus poussée.

– Les *Actes des Apôtres* insistent sur l'ouverture aux païens.

– Les *Epîtres,* lettres envoyées par les responsables des Eglises à leurs communautés, veillent à les confirmer dans la foi, à les détourner de certaines erreurs, à résoudre les problèmes de leur vie nouvelle.

– L'*Apocalypse,* attribuée à l'apôtre Jean, évoque les luttes de l'Eglise avec les puissances du mal et annonce la victoire finale du royaume de Dieu.

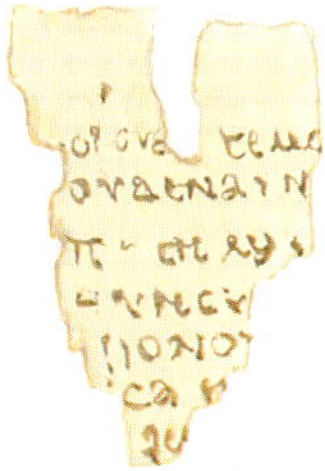

Fragment d'un manuscrit du Nouveau Testament, du IVe s.

Au cœur du Sinaï, le monastère Sainte-Catherine recélait le *Codex Sinaïticus,* manuscrit du IVe s., contenant l'ensemble du Nouveau Testament.

Et ils étaient assidus à l'enseignement des apôtres, et à s'associer pour rompre le pain et prier. Et toute âme était dans la crainte car il se faisait, par les apôtres, beaucoup de prodiges et de signes.

Actes des apôtres, II, 42-43

Cependant la parole du Seigneur croissait et prenait de l'ampleur.

Actes des apôtres, XII, 24

Portrait d'un apôtre, peut-être, peint dans une catacombe.

Périples de Paul et premières communautés chrétiennes.
En blanc : premier voyage de Paul
En orange : deuxième voyage
En bleu : troisième voyage

Les persécutions des chrétiens ne prirent fin qu'en 313.

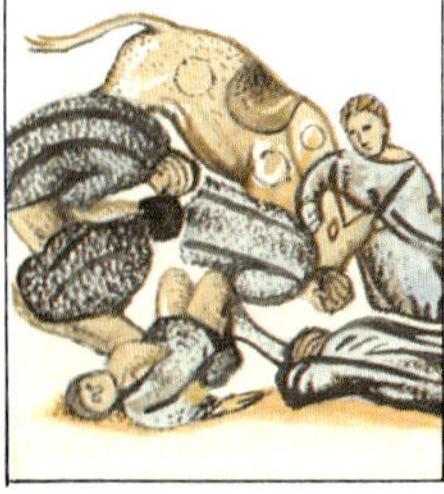

L'essor du christianisme primitif

Jésus a formé des disciples, leur confiant le soin de porter la *Bonne Nouvelle* jusqu'aux extrémités du monde.

La première étape est la communauté de Jérusalem : aux disciples se joignent des fidèles du judaïsme. Persécutés par les chefs du judaïsme, ils essaiment et fondent, dans diverses villes d'Orient, des centres de vie chrétienne ou *Eglises*, qui attirent de nombreux non-juifs.

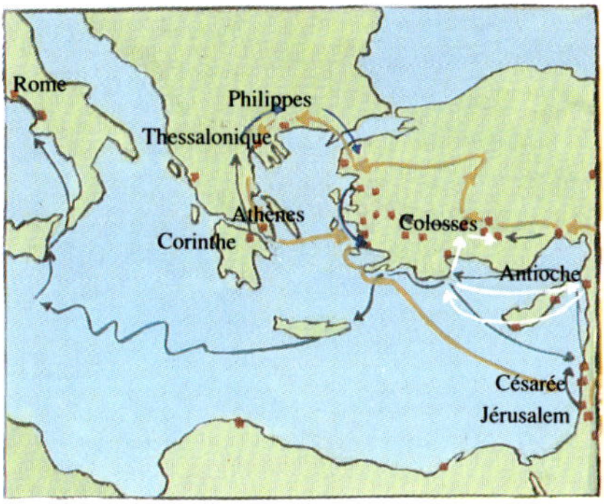

Aux générations suivantes, d'autres Eglises se fonderont un peu partout, et d'autres maîtres développeront les intuitions des premiers chrétiens : ce sont les Pères de l'Eglise (Irénée, Origène, Tertullien...). Les persécutions de l'Empire romain terminées, ce travail de réflexion se poursuivra avec Jean Chrysostome, Jérôme, Augustin... Les grands conciles fixent les dogmes (p. 248) essentiels du christianisme.

Un corps a beau avoir plusieurs membres, tous les membres du corps ne font qu'un unique corps, et il en est ainsi du Christ. Car nous avons tous été immergés dans l'unique Esprit pour être un unique corps, Juifs ou Grecs, esclaves ou libres, et on nous a tous fait boire à l'unique Esprit.

1re Epître de Paul aux Corinthiens, XII, I2-I3

Les repas pris en communauté témoignent de l'esprit de fraternité qui anime les premières Eglises. (D'après un sarcophage romain du IIIe s.)

Le rôle joué par Paul

– Il montre que la vie chrétienne, tout en étant en parfaite continuité avec le judaïsme, est une étape nouvelle dans les rapports de Dieu avec l'humanité , et s'adresse à tous les hommes.

– Il fonde son enseignement sur l'œuvre du Christ : Fils de Dicu, venu sur terre pour délivrer l'homme de sa condition de pécheur, il offre à son père le sacrifice parfait en acceptant la mort sur la Croix; ressuscité, il ouvre une vie nouvelle pour tous ceux qui décident de le suivre.

– Il étend ce salut à l'humanité entière : à l'époque, ce fut surtout la moitié orientale de l'Empire romain jusqu'à Rome.

Les apôtres Pierre et Paul, d'après une icône du XVIe s.

Paul sut mettre en valeur l'originalité de la foi chrétienne. Juif de stricte observance *(pharisien)*, converti au christianisme vers l'an 37, il déploie dès ce moment, et jusqu'à sa mort, une activité prodigieuse.

Les premiers chrétiens mènent une vie communautaire, jusque dans la mise en commun des biens, animés par l'Esprit de Jésus vivant en eux.

Croix orthodoxe russe.

L'orthodoxie

Un schisme est la séparation, au sein d'une religion, de fidèles qui ne reconnaissent pas la même autorité.

Les communautés chrétiennes qui adhèrent aux dogmes (p. 248) établis lors des conciles œcuméniques sont dites *orthodoxes* (en grec : *à la pensée droite)* et *catholiques* (ce qui signifie *selon le tout, universelles).*

Les Eglises orthodoxes ne sont pas nées en 1054, date du schisme entre Orient et Occident. Elles se situent dans la continuité des premières communautés chrétiennes.

Celles-ci regroupent des fidèles d'une même région, qui prient et chantent selon leurs rites et dans leur langue. Les évêques de toutes les Eglises régionales se rassemblent en *concile œcuménique* (p. 181). Les Eglises régionales ou *patriarcats* reconnaissent entre eux un *centre de primauté dans l'amour* (et non un centre d'autorité) : l'Eglise de Jérusalem, puis Rome.

Au XIe siècle, l'évêque de Rome décide de changer sa *primauté dans l'amour* en un pouvoir juridique sur toutes les communautés chrétiennes du monde. La majorité des Eglises d'Orient

Eglise russe.

Eglise grecque.

s'opposent à cette décision, ne reconnaissant comme autorité universelle que celle d'un concile œcuménique.

Les chrétiens d'Europe occidentale suivent la décision de l'évêque de Rome, d'où leur appellation de *catholiques romains.* Les autres Eglises gardent le nom d'*orthodoxes* et restent jusqu'à ce jour *catholiques,* mais non *romaines.* C'est le schisme de 1054.

Une icône est une image, peinte selon certaines règles, qui cherche à faire percevoir l'invisible. Dieu le Père n'est jamais représenté; il est *vu* à travers Jésus, Marie, les saints. Les techniques de l'icône s'enseignent depuis des siècles de maître à élève. Ci-dessous, *L'hospitalité d'Abraham,* peinte par le moine russe Roublev, au XIVe s.

Converti en 988, Vladimir de Kiev, le *fondateur* de la Russie, impose le baptême à ses sujets.

Croix orthodoxe grecque.

Croix orthodoxe éthiopienne.

*Car Dieu s'est fait homme
pour que nous soyons faits Dieu.*
Athanase d'Alexandrie, IVe s.

Rites et fêtes

– Pâques est la fête des fêtes. A Pâques, la mort est vaincue :

- *Le Christ est ressuscité!*
- *En vérité, Il est ressuscité!*

C'est par cette exclamation joyeuse que les chrétiens orthodoxes du monde entier se saluent pendant les quarante jours qui suivent cette fête. La résurrection de Jésus est célébrée avec une joie d'autant plus exubérante qu'elle survient après sept semaines de jeûne (abstinence de certains aliments).

– La Théophanie, ou *manifestation de Dieu,* le 6 janvier, commémore le baptême de Jésus dans le Jourdain. Rien à voir avec la fête des *rois mages,* qui n'existe pas chez les orthodoxes. Noël, fête apparue au IVe siècle dans le christianisme, est également fêtée.

Dans les monastères, c'est avec la *simandre* (pièce de bois que l'on frappe d'un maillet) que le moine sonneur appelle à la prière ou au travail.

Office de la semaine sainte (qui précède Pâques), dans l'île de Patmos.

L'eucharistie (p. 33) est donnée dès le baptême, même s'il s'agit de nourrissons.

En Ethiopie, lors de la fête de la Théophanie, les Tables de la Loi (p. 138) sont portées en procession. Les prêtres portent des mitres somptueuses.

– La Transfiguration, le 6 août, annonce la Résurrection : *Et Il* (Jésus) *fut transfiguré devant eux, sa face brilla comme le soleil, ses vêtements devinrent blancs comme la lumière.* (Evangile de Matthieu, XVII, 1-2)

Les orthodoxes ne parlent pas de *sacrements* mais de *mystères*. Le baptême se fait par immersion, noyade symbolique dont on sort régénéré. Juste après a lieu la *chrismation :* le prêtre enduit les parties principales du corps d'une huile spéciale en signe du don de l'Esprit saint.

L'Eglise d'Ethiopie possède des rites très marqués par le judaïsme. Elle a longtemps dépendu de l'Eglise copte (égyptienne).

Une coutume pascale (du temps de Pâques) consiste à peindre des œufs, symboles de résurrection dans beaucoup de traditions.

Le catholicisme

Crucifix en paille tressée (artisanat mexicain contemporain).

L'Église catholique a, tant bien que mal, traversé vingt siècles. Tantôt persécutée, tantôt persécutrice, elle garde son cap initial : transmettre l'Évangile, la *Bonne Nouvelle,* dans l'histoire, sur tous les continents et dans l'éventail des cultures. Ses missionnaires ont fait le tour du monde.

Elle connaît, au cours de son histoire, trois obstacles majeurs : la résistance des incroyants, mais aussi, en son sein, l'opposition des schismatiques (p. 154), qu'elle finit par écarter parce qu'ils faussent la doctrine; enfin, les graves défaillances des prélats, tentés par le pouvoir politique et l'argent.

Plus désintéressée, l'Église d'aujourd'hui garde une certaine influence avec ses 900 millions de baptisés dans le monde sur les 5 milliards d'êtres humains.

La place Saint-Pierre, à Rome, chef-d'œuvre du Bernin (1624). La basilique est construite à l'emplacement du tombeau de l'apôtre Pierre.

Charlemagne, chef de l'Eglise d'Occident.

Les moines copistes perpétuent la Tradition.

Les grandes abbayes se multiplient en Europe.

La *guerre sainte* des croisades (X-XIIIe s.)

L'Inquisition punit l'hérésie (XIII-XVIe s.)

Le XIIe-XIVe s.est le temps des cathédrales.

Guerres de religions entre chrétiens (XVIe s.)

A partir du XVIe s. commencent les missions. Ci-dessus, un catéchisme pour Indiens.

Au XXe s., des prêtres-ouvriers vont travailler en usine.

Le concile Vatican II (1962-1965) tente d'ouvrir l'Eglise aux réalités modernes.

Dans l'Église, ni les évêques,
ni le premier d'entre eux (le pape) *ne sont la tête.*
La tête, c'est Jésus-Christ
Cardinal Marty, 1971

Moniales trappistes.

Les ordres religieux suivent une règle instituée par leur fondateur; ainsi, celle de saint Benoît pour les Bénédictins...

Le clergé

– **Le pape**, premier évêque, successeur de l'apôtre Pierre (p. 153), tient son autorité suprême de la volonté du Christ. Titulaire du diocèse de Rome, il supervise l'Eglise. Il réside au Vatican, Etat minuscule et indépendant au cœur de l'Italie.

– **Les cardinaux** sont les conseillers et les électeurs du pape. Plus d'une centaine, répartis dans le monde, ils l'informent des besoins de l'Eglise.

– **Les évêques**, *successeurs des apôtres,* sont les responsables des Eglises locales. Réunis par le pape en assemblées ou *conciles,* ils décident des grandes orientations de l'Eglise mondiale. Le dernier et vingt-et-unième concile, Vatican II, a été réuni en 1962 par Jean XXIII et terminé en 1965 par

Voici mon commandement : aimez-vous les uns les autres comme je vous ai aimés. Il n'y a pas de plus grand amour que de donner sa vie pour ses amis.
Saint Jean, XV, 12-13

Paul VI. L'ensemble des évêques constitue l'*épiscopat.*

– **Les prêtres** sont en contact permanent avec les laïcs. Depuis le Xe siècle, ils sont tenus au célibat. Face à la pénurie de vocations, quelques évêques français souhaitent actuellement que des clercs soient choisis parmi les hommes mariés, réforme qui contribuerait à briser la *caste sacerdotale* et à rapprocher les prêtres de leurs fidèles.

– **Les communautés religieuses.** 200000 hommes et 700000 femmes dans le monde, par fidélité à l'Evangile du Christ, se consacrent à la prière et à tous les déshérités. Volontairement pauvres, ils se rendent, par obéissance, là où on les envoie.

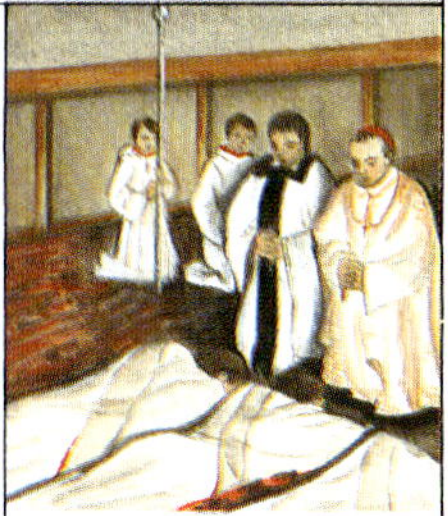

Cérémonie d'ordination, sacrement qui confère la prêtrise.

L'Église actuelle n'apparaît plus comme une pyramide mais plutôt comme des cercles concentriques communiquant entre eux, depuis les *cadres* jusqu'aux laïcs et aux incroyants.

Le pape Jean-Paul II est le 262e successeur de Pierre à Rome.

Fêtez le Seigneur, vous qui êtes Ses fidèles.
Rendez grâce à Son saint nom.
Psaume XXX, 5.

Les rites et les fêtes

Les Églises jumelles d'Orient et d'Occident sont passées maîtres dans l'art liturgique; elles ont exploité au maximum les croyances en place, antérieures au christianisme.

Les rites utilisent les ressources naturelles : l'eau, l'huile d'olive, la farine, le raisin, le feu. Réduits à sept au XIIe siècle, les *sacrements* accompagnent la vie, de la naissance à la mort. Ce sont essentiellement le baptême, qui est un don de l'esprit,

La fête de Noël. (D'après une Nativité rhénane du XIVe s.)

La cène. (Enluminure catalane du XIIe s.)

La *cène* est le dernier repas que Jésus partage avec ses disciples. Prenant le pain, il leur dit : *Prenez et mangez, ceci est mon corps. Puis Il prit la coupe remplie de vin et dit : Prenez et buvez, ceci est mon sang versé pour vous. (...) Faites ceci en mémoire de moi.* Ce sont ces paroles et ces gestes que le célébrant répète au cours de l'eucharistie et qui rendent aux yeux des chrétiens le Christ présent.

De tels baptistères furent utilisés jusqu'au Moyen Age dans l'Eglise d'Occident.

indélébile, et l'eucharistie, le sacrement par excellence, dans lequel Dieu devient totalement présent.

Tout comme les rites, les fêtes et les cérémonies sont des commémorations. Selon sa culture et ses traditions locales, chaque pays a les fêtes qui lui ressemblent, que ce soient les processions italiennes, espagnoles ou américano-latines, exubérantes et hautes en couleurs, les danses africaines ou les chants grégoriens des moines de Solesmes...

Dans tous les cas, la liturgie brise la routine, pénètre dans l'irrationnel.

L'Eglise catholique, présente sur tous les continents, reconnaît aujourd'hui les coutumes locales. Ici, un prêtre catholique du Zaïre célèbre une liturgie qui intègre des rites traditionnels de son pays.

La prière est vraie comme la sève.
Alain, *Propos*

Les sacrements
Ce sont des gestes, des signes tangibles d'une action spirituelle qu'ils rendent présente. Ils sont le support nécessaire d'une réalité qui serait,sans eux, impalpable. Les sept sacrements sont le baptême, la confirmation, le mariage, l'ordre (prêtrise), la pénitence, l'eucharistie, l'onction des malades.

Le protestantisme

Croix huguenote, imaginée par un orfèvre nîmois en 1668.

Inventée vers 1450, l'imprimerie permet la diffusion des ouvrages et des idées.

Ses origines

Le mouvement protestant qui aboutira à la Réforme, c'est-à-dire au schisme (p. 154), naît au XVIe siècle parmi les catholiques. Il a pour but de purifier l'Eglise romaine de ses entorses à l'Evangile. Ce n'est pas nouveau. De tout temps, des minorités de chrétiens se sont élevées contre des théologiens (spécialistes des textes sacrés) ou des agissements favorisant la violence, l'injustice, l'intolérance.

Les croisades, encouragées par Rome,

Luther aurait affiché ses thèses sur le portail de l'église du château de Wittenberg. Dans cette peinture allégorique, l'oie symbolise Jean Hus, réformateur tchèque, brûlé vif en 1415. L'extrémité de la plume d'oie fait tomber la tiare du pape.

Luther brûle la bulle (décret) du pape, qui l'excommunie.

ont fait couler le sang; l'Inquisition (tribunal de l'Eglise) a torturé et brûlé par centaines des *hérétiques* et des *sorciers,* hommes et femmes; une gestion aberrante des *indulgences* (allégement des peines de l'au-delà) a rempli les coffres de l'Eglise sous prétexte de libérer les âmes du Purgatoire. La révolte s'étend grâce à ses chefs de file : Luther et Calvin.

La réaction des autorités civiles est très dure. Les guerres de religion (1562-1598) mettent la France en état de terreur: massacres, expulsions, émigration, jusqu'à l'Edit de Nantes (1598), promulgué par Henri IV et révoqué en 1685 par Louis XIV. Il faut attendre 1787 pour que les protestants soient admis. Le massacre de la Saint-Barthélemy fit 30000 victimes.

Massacre de protestants à Paris, le jour de la Saint-Barthélemy.

Pour nous, protestants, c'est l'écoute de la Bible individuelle et communautaire qui constitue l'Eglise.
Fédération protestante de France (1987)

Les calvinistes sont une quarantaine de millions répartis en France (500000), en Suisse (2200000), en Afrique du Sud, aux Pays-Bas, aux Etats-Unis et au Canada.

Jean Calvin

Autant Luther se plaît dans la polémique, autant Jean Calvin, cofondateur du protestantisme, né en Picardie vingt-six ans plus tard, se montre mesuré, calme et tolérant. A cet humaniste français, la Réforme doit beaucoup, car il lui a donné une nouvelle orbite.

Catholique d'origine, Calvin étudie la théologie, la philosophie et le droit aux universités de Paris, d'Orléans et de Bourges. Il se convertit à la Réforme en 1533, après mûre réflexion, et reste fort discret sur son évolution. Epris de clarté et de rigueur, il décide d'écrire.

Son ouvrage, *l'Institution chrétienne,*

Antoine Froment, un des réformateurs de Genève. (D'après une gravure du XIXe s.)

paraît en latin, puis en français en 1541.

Cette œuvre de théologie est un exposé de la foi protestante qui s'adresse à un large public; c'est une nouveauté absolue. Elle se répand dans toute l'Europe. A deux reprises, le livre est brûlé devant Notre-Dame de Paris, qui donne de la grosse cloche pour l'événement.

L'exil

Pour échapper aux arrestations, Calvin doit s'exiler à Strasbourg (gagné à la Réforme dès 1524), à Ferrare, en Italie (où il prend un faux nom et fait la connaissance du poète Clément Marot, lui aussi proscrit), puis à Bâle, et à Genève, en 1536. La communauté protestante, prépondérante dans cette ville, y fait interdire la messe.

Là, Farel, autre réformateur français, devient son ami et collaborateur. Ils s'efforcent d'évangéliser la ville et de surmonter embûches et querelles qui ont parfois raison de la patience de Calvin. Celui-ci n'avoue-t-il pas que le peuple de Genève est *assez rude* et *qu'il se sentait étranger* dans sa ville d'adoption?

De loin, Calvin suit le déroulement tragique des persécutions en France, notamment le massacre de Wassy, en 1562, qui fait 60 morts et 250 blessés... Usé par ces épreuves, Calvin meurt le 27 mai 1564. Selon son désir, aucun monument funéraire ne signale sa place au cimetière.

Interdits en France, les protestants s'organisent en Eglise clandestine dite *du Désert,* célébrant le culte dans la nature.

Jean Calvin.

Le clergé protestant est constitué de pasteurs, hommes ou femmes. Ce sont des laïcs comme les autres, sans pouvoirs particuliers.

L'anglicanisme

Ses origines

L'Angleterre est une île, et cela vaut dans tous les domaines : pour le Britannique, le pape est loin et la hiérarchie locale a davantage de poids. Dès le XIVe siècle, John Wyclif, théologien d'Oxford, conteste le Vatican au nom de la Bible. Ses thèses sont condamnées par le pape Martin V.

Ce n'est pas un théologien mais un roi plus ou moins impie et retors, Henry VIII, qui fait basculer son peuple dans l'hérésie (p. 168) : pour quitter une femme stérile, il s'autorise à divorcer malgré l'interdiction du pape.

L'Eglise d'Angleterre garde d'abord son style catholique, à ceci près qu'Henry VIII se nomme chef suprême de l'Eglise de son pays. Il est excommunié en 1533 et reçoit l'appui de Cranmer, archevêque de Canterbury, qui incarne l'autorité religieuse en Angleterre.

Henry VIII, d'après un portrait peint par Holbein.

Thomas More, chancelier, est une des figures religieuses les plus rayonnantes du XVIe s. Confident d'Henry VIII lors de la naissance du schisme, il refuse de le suivre dans sa rupture avec Rome. Le roi le fait décapiter en 1535. Il sera canonisé (proclamé *saint* par l'Eglise) en 1935.

Arrestation des catholiques sous Elisabeth Ire. (D'après une gravure du XVIe s.)

La rupture avec Rome

Une pause relative s'installe sous le règne de Mary Tudor. Demeurée catholique, elle poursuit les réformateurs et se réconcilie avec Rome. Mais le schisme reprend avec Elisabeth Ire, fille d'Ann Boleyn, deuxième femme d'Henry VIII. Bien qu'elle se contente du titre de *modératrice suprême* de l'Eglise, Pie V l'excommunie en 1570, condamne le *Prayer Book*, livre de prières liturgiques adopté par le clergé, et repousse les *39 Articles*, formulaire doctrinal de l'Eglise anglicane, ratifié par la reine en 1571.

La rupture est consommée alors même qu'il est implicitement acquis que la reine ne s'arrogeait aucun droit sur la doctrine, mais seulement sur les personnes *en vue de la paix et de l'unité.*

Les biens du clergé sont confisqués. L'Eglise veille à la diffusion de la Bible. La première traduction anglaise est publiée en 1539, et chaque paroisse doit en posséder une. Proche de celle de Luther dans ses interprétations, elle contribue à renforcer l'esprit du protestantisme et à affaiblir l'autorité des clercs. Le goût pour la liberté de la pensée et de la critique s'affirme, la méfiance à l'égard des dogmes s'accroît. C'est la victoire d'une Eglise autonome qui se veut *catholique, nationale et réformée,* et qui aura toujours du mal à trouver son identité.

Elisabeth Ire, reine d'Angleterre de 1558 à 1603, organise l'anglicanisme dans un esprit de modération. (D'après un portrait de Gheeraerts)

Thomas More, Lord-Chancelier d'Angleterre, dont l'âme était plus pure que la neige la plus pure, dont le génie était si grand que jamais l'Angleterre n'en a connu de plus grand et n'en connaîtra jamais à l'avenir.

Erasme

L'Église anglicane a une liturgie papiste,
un clergé anticalviniste
et des articles de foi calvinistes.
William Pitt, homme politique anglais (1759-1806)

Certaines Eglises anglicanes ordonnent des femmes pasteurs.

L'Eglise épiscopale des Etats-Unis compte depuis peu une femme évêque.

La communion anglicane

Prise dans l'engrenage de l'indépendance et de la créativité, et tout en recevant des impulsions du protestantisme continental, l'Eglise anglicane met à profit son génie de la tolérance et de l'assimilation qui est dans l'air du temps. Elle accueille en son sein trois courants : l'*Eglise basse,* évangélique; l'*Eglise large,* critique et moderniste; la *haute Eglise,* proche du catholicisme.

En Angleterre, il y a 13000 paroisses anglicanes, 45 diocèses et 20000 fidèles. Mais l'Eglise épiscopale des Etats-Unis lui est rattachée, et il faut aussi inclure les fidèles des dominions

Cathédrale de Canterbury

Dieu et moi...
Obéir d'abord à sa conscience et ensuite au pape.
Henry Newman (1801-1890)

et des missions : en tout, 400 évêques. Les prélats se réunissent tous les quatre ans à la conférence de Lambeth, laquelle n'a aucun pouvoir juridique ni dogmatique. Le président est l'archevêque de Canterbury. Ces Eglises regroupent quelque 60 millions de membres sous le nom de *communion anglicane*.

Eglise-pont, dit-on parfois, parce qu'elle est composée d'un large éventail et donc apte à faire coexister des sensibilités fort différentes, d'où son attitude œcuménique (p. 181).

L'initiative du pape Léon XIII, en 1896, déclarant *invalides* les ordinations anglicanes a été très sévèrement jugée; l'espoir subsiste que Rome trouvera une solution pour revenir sur ce jugement. Des hommes ont consacré leur vie au rapprochement entre les Eglises. Des initiatives de dialogues ont été prises à *Malines*, en 1921-1926.

Le pasteur anglican Desmond Tutu, évêque de Johannesbourg, mène une lutte contre l'apartheid en Afrique du Sud. Il reçoit, en 1984, le prix Nobel de la paix.

L'Eglise d'Angleterre, Eglise mère de la communion anglicane, est divisée en deux provinces ayant chacune à leur tête un archevêque (primat) : York et Canterbury.

Les millénaristes

Les millénaristes doivent leur nom à leur foi dans le retour du Christ, à la fin des temps, pour un règne de 1000 ans.

Ce règne se terminera par le jugement dernier, qui sera annoncé par des anges sonnant de la trompette. (D'après une enluminure du XIIIe s.)

Les mormons refusent l'usage de l'alcool, du café, du tabac et de la drogue.

Les mormons

Les mormons constituent *l'Eglise de Jésus des Saints des derniers jours.* Ils sont connus à travers le monde (4 millions dont 10000 en France) du fait d'une évangélisation poussée : tous les hommes offrent pour cela deux ans de leur vie, entre 18 et 25 ans.

Tout commence vers 1820, dans l'Etat de New York. Joseph Smith, âgé de 14 ans, découvre, après une révélation, un livre dû à Mormon, roi israélite qui aurait émigré cinq siècles avant notre ère. Smith se dit investi de la mission de rétablir l'Eglise du Christ.

La vie des mormons est régulée par la Bible. Ils baptisent les morts pour leur assurer le salut.

Le jugement dernier, d'après un tympan du XIIIe s. A droite du Christ, les élus; à sa gauche, les damnés.

Les adventistes

Ils se considèrent comme *l'Eglise du Septième Jour* (c'est-à-dire du sabbat) et vivent dans l'espérance du retour du Christ qui a promis de se *manifester (advent,* en anglais) à la fin des temps, lors de son ultime retour. Fondé au milieu du siècle dernier par un baptiste, William Miller, le mouvement est dirigé ensuite par Ellen White, selon les révélations qui lui sont faites.

Les témoins de Jéhovah

Ils font le porte-à-porte pour proposer leur message sur la fin des temps, la Bible à la main. Ils annoncent le règne de Jésus, dénoncent Satan et désignent Dieu du seul nom authentique de Jéhovah. Fondé au début du siècle par un adventiste américain, Russel, le mouvement a son siège à Brooklyn, aux Etats-Unis, et compte 4 millions de membres dont 80000 en France.

Ils refusent la transfusion sanguine, considérant que le sang est le siège de l'âme, et préfèrent l'objection de conscience au service militaire.

L'Armée du Salut
Hommes et femmes en uniforme, chantant des cantiques, sollicitent les passants : ils collectent des fonds pour accueillir clochards, sans-abri et sans-domicile fixe. Ils sont près de 2 millions dans le monde (à peine 2000 en France).
Le fondateur est un pasteur méthodiste britannique, W. Booth (1829-1912) qui en conçut l'organisation de façon militaire.

Persécutés, chassés de partout, les 30000 premiers mormons sont contraints à un interminable exode : c'est la longue marche vers l'Ouest américain. Ils s'installeront près du Grand lac Salé où ils bâtiront Salt Lake City; ils seront à l'origine de l'état de l'Utah.

Les pentecôtistes

La Pentecôte, d'après une icône russe.
Ils virent des langues, comme de feu, se poser sur chacun d'eux, et tous furent remplis de l'Esprit saint et commencèrent à parler en d'autres langues.
Actes des Apôtres, II, 3-4

Le pentecôtisme plonge ses racines dans le méthodisme (p. 176), mais c'est le pasteur anabaptiste W.J. Seymour qui lui donne son impulsion en 1906.

Le renouveau charismatique

En 1975, un pasteur américain, David Wilkerson, parvient à transformer une bande de jeunes loubards de Brooklyn en chrétiens enthousiastes. Ce récit se lit dans un best-seller : *la Croix et le Poignard*. Cette métamorphose de jeunes voyous est attribuée à l'Esprit saint.

Ainsi se développe, aux Etats-Unis, chez les catholiques et les protestants, un renouveau des Eglises, dont les membres privilégient l'action de l'Esprit saint. Ils sont plusieurs milliers dans le monde; en France, on compte une dizaine de mouvements, dont l'*Emmanuel* et le *Lion de Juda*. Ils sont dit *charismatiques*, ce qui signifie, en grec, *grâce, don divin*.

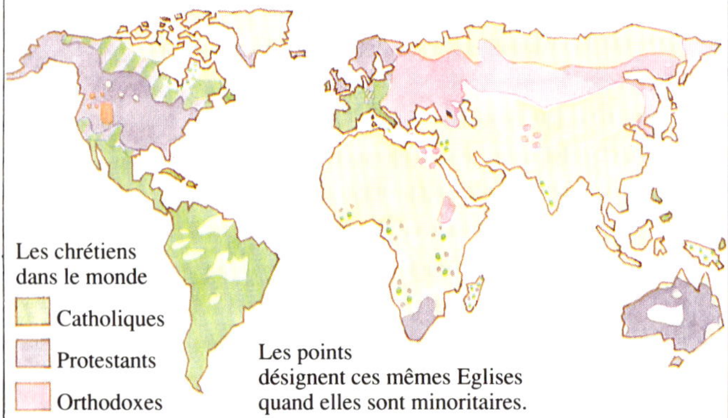

Les points désignent ces mêmes Eglises quand elles sont minoritaires.

L'œcuménisme

L'*œcuménisme*, c'est l'universalité, mais ce terme désigne le plus souvent la rencontre des Eglises chrétiennes.

Les premiers rapprochements entre chrétiens remontent au début du siècle, quand anglicans et catholiques décident de travailler à l'unité des chrétiens. Le pape est alors hésitant et dénonce le risque de confusion. En 1948 est créé le Conseil œcuménique des Eglises qui se présente comme *une association fraternelle d'Eglises.* Même si l'Eglise catholique n'en est pas membre, elle finit par envoyer des délégués et le concile Vatican II encourage les rapprochements entre catholiques, orthodoxes et protestants.

Depuis un demi-siècle, la communauté de Taizé rassemble de nombreux jeunes, toutes confessions confondues, et travaille pour l'unité des chrétiens.

Rencontre du pape Paul VI et du patriarche orthodoxe Athénagoras, en 1967.

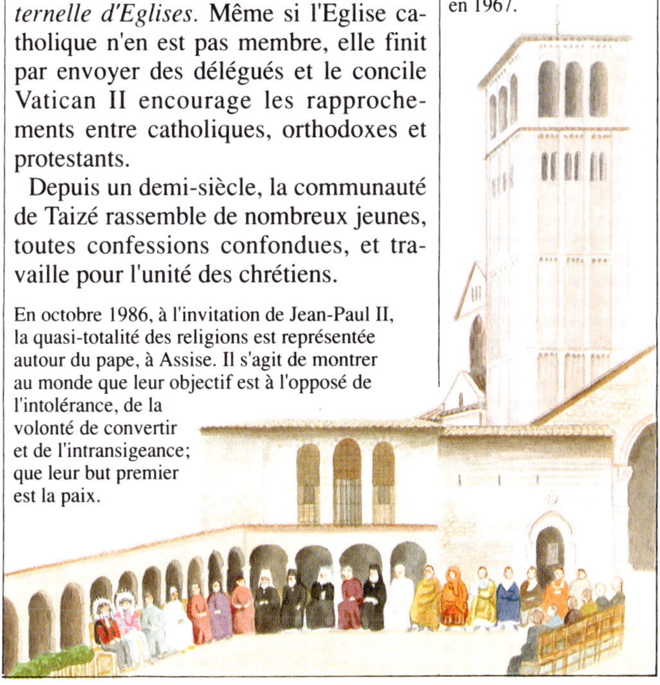

En octobre 1986, à l'invitation de Jean-Paul II, la quasi-totalité des religions est représentée autour du pape, à Assise. Il s'agit de montrer au monde que leur objectif est à l'opposé de l'intolérance, de la volonté de convertir et de l'intransigeance; que leur but premier est la paix.

L'islam

Mosaïque décorant un mur de la mosquée du Rocher (Jérusalem) et portant inscrit un des 99 noms d'Allah. La récitation de ces noms est une prière.

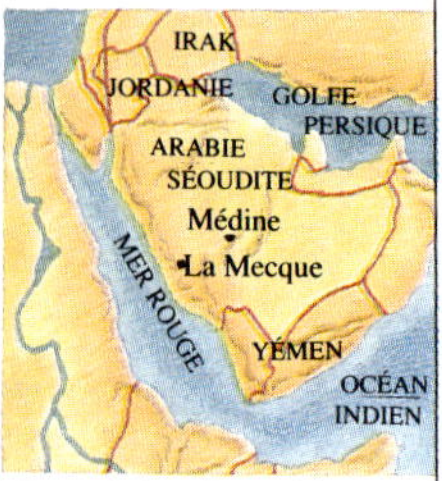

La péninsule arabique (frontières actuelles)

Islam, en arabe, signifie *soumission à la volonté de Dieu,* et les musulmans sont les adeptes de cette foi. Après le judaïsme et le christianisme, c'est la troisième grande religion révélée à un prophète : Mahomet (Mohamed), qui se situe dans la lignée d'Abraham, de Moïse (p. 136-138) et de Jésus (p. 148).

Cette religion voit le jour dans l'immense désert d'Arabie, au début du VIIe siècle. Ce désert, où la vie est rude, est peuplé d'Arabes. Certains sont citadins, mais la plupart sont des bédouins nomades, juifs, chrétiens ou polythéistes (qui vénèrent plusieurs dieux).

Un Arabe appartient toujours à une tribu, laquelle comprend plusieurs clans. Mahomet fait partie du clan des Hachémites de l'illustre tribu des Koraïchites, ce qui signifie en arabe *requins.*

Parcourant de vastes espaces, les bédouins du désert d'Arabie sont en contact, au nord, avec l'Empire byzantin et, à l'est, avec l'Empire perse (p. 238).

Dis : Il est Allah, Unique, Allah le Seul.
Il n'a pas engendré et n'a pas été engendré.
N'est égal à Lui personne.
Le Coran, CXII, 1-4

Au ve siècle, les Koraïchites avaient conquis La Mecque, à la fois oasis verdoyante grâce à la source Zem-Zem, centre commerçant prospère au carrefour des routes caravanières et lieu de culte renommé. On y vénère, en effet, la *Kaaba* ou *maison de Dieu*, immense cube de pierre grise qui renferme un météorite de basalte, la *Pierre noire*. Elle aurait été édifiée par Adam, détruite par le Déluge, puis reconstruite par Abraham et son fils Ismaël.

Les Mecquois sont superstitieux : ils craignent les *djinns*, malins petits génies qui se cachent partout et qu'il ne faut pas contrarier. Ils sont aussi tolérants et avisés. C'est pourquoi, ils ont réuni à la Kaaba de nombreuses divinités : les leurs et celles que vénèrent les étrangers. La Mecque est un célèbre lieu de pèlerinage *(hajj,* en arabe) qui attire beaucoup de monde.

La *Kaaba*, haute de 15 m, est recouverte d'un drap noir sur lequel sont brodés en or des versets du Coran.

Vénération de la *Pierre noire*, enchâssée dans la *Kaaba*.

Il n'appartient pas à un prophète d'apporter un Signe,
si ce n'est avec la permission de Dieu. Un Livre
a été envoyé pour chaque époque déterminée.
Le Coran, XIII

Le prophète Mahomet

Mahomet naît vers 570, à La Mecque. Orphelin très jeune, il est recueilli par son oncle Abou Talib; il grandit et joue avec son cousin Ali. Pour gagner sa vie, il entre au service d'une riche veuve, Khadija, dont il conduit les caravanes. Impressionnée par son intelligence et sa beauté, elle l'épouse, bien qu'elle ait 40 ans et lui 25.

Mahomet prend l'habitude de se retirer des nuits entières dans une caverne du mont Hira, non loin de La Mecque, propice à la méditation. Une nuit de l'an 611, alors qu'il s'est endormi, l'ange Gabriel lui apparaît dans un nuage de lumière et lui annonce qu'il est le prophète d'*Allah* (nom arabe de *Dieu).* Dès lors, il reçoit régulièrement le message divin : *Il n'y a de Dieu que Dieu et Mohamed est l'Envoyé de Dieu.*

Ce sera la profession de foi du musulman et la formule de conversion.

Ses premiers disciples sont Khadija et Ali. Il s'adresse aussi aux pauvres, aux déshérités et proclame que tout homme, quelles que soient sa race et la couleur de sa peau, peut embrasser l'islam.

Il appelle à la destruction des idoles. Craignant d'être ruinés par cette prédication, les commerçants le menacent. En 622, Mahomet émigre avec ses fidèles à Médine *(la ville,* en arabe), à 350 kilomètres de La Mecque.

Les croyants en un seul dieu *(monothéistes)* désignent sous le nom d'*idoles* les divinités de ceux qui adorent plusieurs dieux *(polythéistes).*

Arrivé à Médine, Mahomet met en place les rites religieux et édifie la première mosquée *(masjid,* en arabe). Son plan servira de modèle aux futures grandes mosquées : une cour entourée de galeries et une salle de prière dont le mur du fond est dans la direction de La Mecque. (D'après une miniature persane)

Cette émigration consacre la rupture avec le système tribal et l'avènement de la communauté des musulmans *(oumma)*. C'est aussi le début de l'an I de l'hégire dans le calendrier musulman.

Mahomet doit livrer plusieurs batailles : c'est la guerre sainte *(jihad)* contre les ennemis d'Allah. En 630, il entre victorieux à La Mecque. Deux ans plus tard, il meurt à Médine. Commence alors la fulgurante épopée de l'islam...

Mahomet se heurte à la résistance des hommes de son clan, bien décidés à exclure cet indésirable qui condamne leurs croyances. Leur chef Abou Talib, oncle de Mahomet, bien que non converti, refuse d'abandonner son neveu, à qui il doit protection selon les lois du clan.

L'hégire est l'ère musulmane. Elle commence en 622.

Le voyage nocturne
Une nuit, Mahomet, monté sur une jument ailée, la *Boraq*, est conduit par l'ange Gabriel sur le *Rocher* de Jérusalem où sera construite la mosquée du même nom et où l'accueillent Abraham, Moïse et Jésus. De là, il est transporté au Septième Ciel, en présence d'Allah.
Gloire à Celui qui a fait voyager de nuit son serviteur de la Mosquée sacrée (La Mecque) *à la mosquée très éloignée* (Jérusalem) (...) *et ceci pour lui montrer certains de nos Signes.*
Le Coran, XVII

Le Coran

Mahomet et le Christ, d'après une miniature du XVIIIe s. Jésus est un prophète important de l'islam.

Les textes

Le message divin transmis par le Prophète a été recueilli par ses compagnons qui l'ont transcrit sur des omoplates de chameaux, des peaux de bêtes et des pierres plates. Rassemblés sous le calife Othman (644-656), ces textes constituent le *Coran (récitation,* en arabe), lequel comprend 114 *sourates* (chapitres). Exceptée la première, celles-ci sont classées par ordre de grandeur décroissante. Les déclarations faites par Mahomet en diverses circonstances composent la *Sunna* (tradition).

Il n'y a pas d'autre Dieu qu'Allah et Mahomet est Son Envoyé.
Cette profession de foi suffit pour devenir musulman.

L'apprentissage de la lecture, de l'écriture et du Coran se fait simultanément pour les jeunes musulmans des écoles coraniques. Ici, au Sénégal.

Voici le Livre!
Il ne renferme aucun doute;
il est une Direction pour ceux qui craignent Dieu;
ceux qui croient au Mystère;
ceux qui s'acquittent de la prière;
ceux qui font l'aumône avec les biens que nous leur avons accordés;
ceux qui croient à ce qui t'a été révélé et à ce qui a été révélé avant toi;
ceux qui croient fermement à la vie future.
Voilà ceux qui suivent une Voie indiquée par le Seigneur;
voilà ceux qui sont heureux!

Le Coran, II

Les cinq piliers

C'est sur le Coran et la Sunna que se fonde la loi islamique ou *charia,* de sorte que l'islam est à la fois religion, loi, morale, style de vie et culture, la langue arabe étant la langue sacrée de tous les musulmans du monde.

L'islam impose cinq obligations ou *piliers* à tout musulman :

– la profession de foi proclamant l'unicité de Dieu;

– la prière; précédée des ablutions rituelles de purification, elle doit être dite cinq fois par jour (aube, midi, après-midi, coucher du soleil, soir), en direction de La Mecque;

– le jeûne, pendant le mois de Ramadan : de l'aube au coucher du soleil, il est interdit de manger, de boire, de fumer, d'avoir des relations sexuelles;

– le pèlerinage : le musulman qui en a la force et les moyens doit se rendre, au moins une fois dans sa vie, à La Mecque;

– l'aumône est un impôt religieux que les riches prélèvent sur leurs biens pour le répartir entre les pauvres.

Le mot *jihad* signifie *effort tendu vers un but déterminé.* C'est l'effort sur soi en vue d'un perfectionnement moral et religieux. C'est aussi la *guerre sainte* pour défendre l'islam ou le propager. On en a fait, parfois, un sixième pilier de la foi. Il est contrebalancé par la tolérance à l'égard des *gens du Livre,* chrétiens et juifs.

La prière accomplie en assemblée est supérieure de vingt-cinq degrés à celle faite isolément. La Sunna

Le pèlerinage à La Mecque, au moins une fois dans sa vie, fait partie des cinq devoirs du musulman.

Ils viendront à toi à pied ou sur toute monture
au ventre cave, arrivant par tout val profond,
pour témoigner des bienfaits qui leur sont concédés ici.
Coran 22, 26-33

Mosquée du Rocher (VIIe s.), à Jérusalem.

Là aura lieu le jugement dernier.

La Mecque est le lieu sacré par excellence de l'islam. Vers elle converge la prière de tous les musulmans.

Pèlerinages et lieux saints

Le pèlerinage *(hajj)* à La Mecque, première ville sainte de l'islam, suivie de Médine et de Jérusalem, est un temps fort dans la vie du musulman. Il a lieu du 7 au 13 du mois dhu al-hijja, le dernier de l'année musulmane.

Sur place, le croyant se drape du costume de sacralisation, composé de deux pièces d'étoffe blanche ne comportant aucune couture, de façon à abolir les différences de races et de condition sociale. Puis il accomplit un certain nombre de rites.

Parmi les plus importants, citons la *déambulation,* qui consiste à tourner

Aucun de vous ne devient véritablement croyant
s'il ne désire pour son frère ce qu'il désire pour lui même.
Sunna

sept fois autour de la Kaaba; puis les sept courses entre deux monticules, Safa et Marwa, en souvenir d'Agar, l'épouse répudiée d'Abraham, qui chercha, affolée, une source pour désaltérer son fils Ismaël, engendré par Abraham. Le point culminant du pèlerinage est la station au mont Arafat où le fidèle se tient face à Dieu, dans la prière, du déclin du soleil (midi) à son coucher. A l'aube du quatrième jour, se déroule la lapidation du *grand chaytân* (démon). Le tout est couronné par la fête de l'*Aïd el-Kébir*.

Lors de la fête de l'Aïd el- Kébir, des moutons sont offerts en sacrifice à Allah, en souvenir d'Abraham à qui Dieu avait demandé d'offrir son fils, qu'il remplaça au dernier moment par un bélier.

Départ d'une caravane de pèlerins pour La Mecque, d'après une miniature arabe du XIIIe s.

Quand vous entendrez l'appel à la prière,
répétez ce que dira le muezzin.
La Sunna

La mosquée d'Ibn Touloun, au Caire (Egypte), construite au IXe s. Comme dans toute mosquée, une fontaine à ablutions permet de se purifier. Avant de pénétrer dans la salle de prière, on se déchausse.

Rites et fêtes

A la fin du pèlerinage, du Maroc à l'Indonésie, de l'Afrique aux Amériques, tous les musulmans égorgent le mouton pour célébrer l'*Aïd el-Kébir* (grande fête) ou *Aïd el-Adha* (fête du sacrifice).

Les autres fêtes musulmanes sont le *1er Muharram,* qui marque le début de l'année selon l'hégire (p. 185), suivi, le 12 rabi'al awal, du *Mouloud,* jour anniversaire de la naissance du Prophète. La fin du jeûne du *Ramadan* est célébrée le 1er shawal par l'*Aïd es-Seghir* (petite fête) ou *Aïd el-Fitr* (fête du repas).

Toutes ces fêtes donnent lieu à des réjouissances. Elles sont l'occasion d'acheter des vêtements neufs, surtout

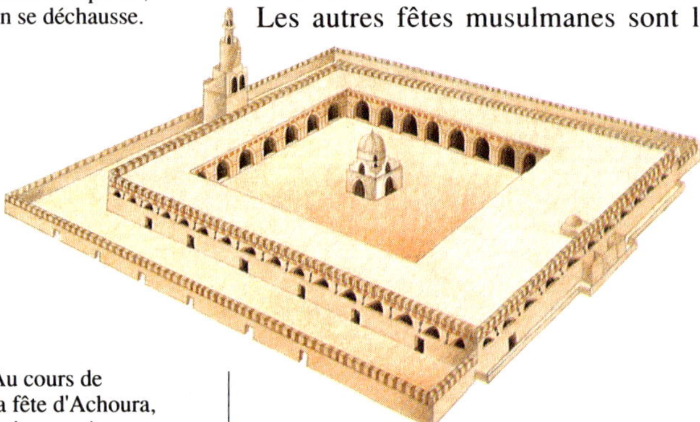

Au cours de la fête d'Achoura, qui commémore le martyre de Hussein, petit-fils du prophète, les musulmans chiites (p. 194) se flagellent et se lacèrent.

aux enfants, de préparer des mets raffinés, des gâteaux et des sucreries. Villes et villages sont illuminés la nuit. Il est bon aussi de rendre des visites, de se parfumer, de faire des cadeaux...

Chacun se rend à la mosquée, car prier en commun est toujours recommandé et prescrit le vendredi, jour du Seigneur. Après avoir écouté le prêche de l'*imam* (religieux qui préside à la prière) du

haut de la chaire, le fidèle prie selon un rituel précis : tour à tour debout, buste incliné, prosterné front contre terre, mi-assis mi-agenouillé, assis sur les talons et à nouveau debout, il récite des versets du Coran, chantant les louanges de Dieu et invoquant son aide.

Femmes musulmanes du Cachemire (à gauche) et du Maroc. Le port du voile, conseillé par le Coran, est controversé.

Les plus pieux répondent à l'appel du *muezzin* qui, du haut du *minaret* (la tour) de la mosquée, psalmodie cinq fois par jour :
Allah est le plus grand. Il n'est d'autre Dieu que Lui. Mohamed est Son Prophète. Venez à la prière.Venez à la félicité.

Philosophe, orateur, apôtre, législateur, guerrier, conquérant d'idées, restaurateur de dogmes, fondateur de vingt empires terrestres et d'un empire spirituel, voilà Mahomet!

Lamartine, *Histoire de la Turquie*

Les confréries
A l'islam officiel – sunnite ou chiite – s'oppose un islam parallèle, populaire, celui des confréries. Il privilégie les saints locaux *(marabouts)*, les faiseurs de miracles, les donneurs d'amulettes. Il intègre le vieux fonds des croyances locales.

Soliman, dit *le Magnifique* par les Occidentaux, sultan qui porte l'empire ottoman à son apogée (XVIe s.).

Les sunnites

Tous les musulmans vénèrent le Coran et observent les cinq obligations. Cependant, dès la mort du Prophète, ils se sont disputé la succession et se sont divisés. Les deux premiers schismes (p. 154) se produisent en 655 avec les *kharijites* et les *chiites*. Les autres, les plus nombreux, s'appellent *gens de la communauté et de la tradition* (Sunna) d'où le nom de *sunnites* qui leur est donné. Aujourd'hui, ils représentent environ 90% des musulmans.

Les sunnites, contrairement aux chiites, ne pensent pas qu'un membre de la famille du Prophète

Minaret hélicoïdal de la mosquée de Samarra (Irak).

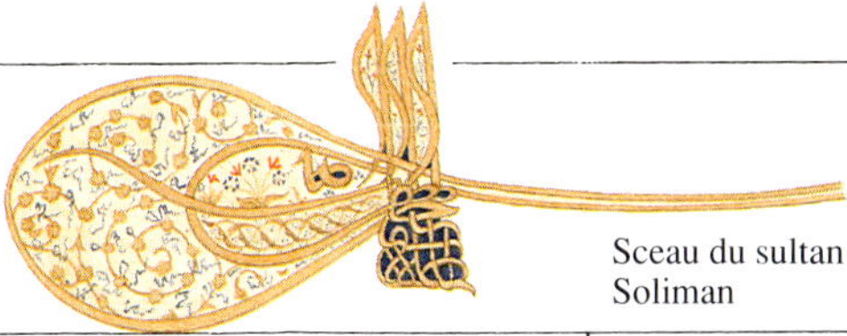

Sceau du sultan Soliman

doit être choisi comme calife, c'est-à-dire successeur de Mahomet et chef de la communauté. Ils se veulent du *juste milieu,* c'est pourquoi ils se montrent modé-

Juge rendant la justice selon la loi islamique.

rés, réprouvant l'intolérance des extrémistes. Etant majoritaires, ils estiment détenir la vérité (orthodoxie); ils considèrent que les autres groupes de musulmans sont dans l'erreur (hérésie) et forment des sectes qu'il faut combattre.

Des juristes (docteurs de la loi) ont élaboré la loi islamique *(charia).* Leur rôle est d'indiquer aux fidèles non pas ce qu'ils doivent croire – c'est là une affaire entre l'homme et Dieu – mais comment pratiquer la religion pour mériter le Paradis lors du jugement dernier. Ils se bornent au sens littéral du Coran et se gardent, contrairement aux chiites et aux soufis, d'en rechercher le sens caché.

Les soufis
Les *confréries* peuvent conduire à l'islam mystique, celui des *soufis* ou *assoiffés de Dieu.* Sous la conduite d'un maître, ils s'imposent des règles de vie et se livrent à des exercices spirituels comme la répétition inlassable de litanies et les danses sacrées qui leur permettent de s'absorber en Dieu et de parvenir à l'extase. Une des plus célèbres confréries soufies est celle des derviches tourneurs fondée à Konya, au XIIIe s., par Djalal al-Din Roumi.

Plusieurs voies mènent à Dieu, j'ai choisi la voie de la danse et de la musique.
Roumi

Le Coran est l'imam muet
et l'imam est le Coran parlant.
Henry Corbin

Les chiites vénèrent les *imans,* descendants directs d'Ali, guides *infaillibles,* dépositaires du *sens caché* du Coran.

Imamites et ismaéliens
Les chiites sont divisés en plusieurs groupes. Les deux principaux sont les imamites, qui vénèrent douze imams, et les ismaéliens, sept. Les deux mouvements sont respectivement incarnés par Ruhollah Khomeiny (chef de la révolution islamique en Iran) et l'Aga Khan (Inde et Pakistan).

Les chiites

Les chiites soutiennent que les successeurs du Prophète devaient appartenir à sa famille et que Ali, son cousin, aurait dû être le Premier Calife. Or il ne sera que le quatrième et son califat sera violemment contesté par Moawiya, également proclamé calife.

Des batailles opposent les deux chefs. A Siffin, en 655, les troupes de Moawiya obtiennent, par ruse, un arbitrage qui tourne à la défaveur d'Ali. Les

Mosquée de l'imam Riza, à Meched, en Iran, ville sainte du chiisme.

Tant que tu ne cherches pas une chose, tu ne la trouves pas,
excepté le Bien-Aimé, avant de l'avoir trouvé,
tu ne le cherches pas.
Ibn Arabi (1165-1241)

kharijites *(ceux qui sont sortis)* l'abandonnent, le jugeant trop faible, et l'un d'eux le tuera d'un coup de poignard en 661. Ceux qui lui demeurent fidèles

Musulman chiite en prière

Cheikhs (chefs de clan) rassemblés dans la mosquée d'Ispahan (Iran) pour écouter les enseignements d'un mollah *(maître)*.

sont appelés *chi'at ali*, la *secte d'Ali*, d'où le nom de *chiites*. Hussein, son fils, sera massacré à Kerbela, en Irak.

Ce destin tragique symbolise aux yeux des chiites la lutte du faible contre le fort. Le chiisme est un mouvement souffrant qui exalte le martyre.

Ses adeptes se présentent comme des persécutés. Ils ont adopté le drapeau noir et pleurent leurs morts à Nejef et à Kerbela, devenus leurs lieux saints.

Mahomet avec sa fille Fatima, son cousin et gendre Ali, et ses petits-fils Hussein et Hassan.

Le meilleur islam consiste à donner à manger
(à ceux qui ont faim) *et à donner le salut à ceux que l'on connaît et aussi à ceux que l'on ne connaît pas.*
Hadiths

En Espagne, l'architecture témoigne d'un âge d'or musulman, notamment cette mosquée de Cordoue (VIIIe-Xe s.)

L'astrolabe, perfectionné par les Arabes, permet aux navigateurs de se repérer grâce aux astres.

Le Taj Mahal, le célèbre mausolée d'Agra, est le plus prestigieux monument de l'Inde musulmane.

L'islam dans le monde

L'épopée des musulmans a été spectaculaire : dans le siècle qui suit la mort du Prophète, en 632, ils édifient le plus vaste empire du monde depuis Alexandre le Grand, puisqu'il s'étend des Pyrénées à l'Indus. Pendant cinq siècles, ils seront à la pointe de la civilisation : ils diffusent l'emploi du zéro, inventent l'algèbre et les algorithmes, perfectionnent l'astrolabe qu'utilisent les navigateurs, font d'importantes découvertes en astronomie, en géographie, en médecine. Damas, Bagdad, Samarcande, Le Caire, Kairouan, Marrakech, Grenade, Cordoue... sont des foyers de création qui illustrent le *miracle arabe,* équivalent du *miracle grec* dans l'Antiquité.

A partir du XIVe siècle, on assiste à l'islam de la deuxième vague : commerçants et navigateurs assurent sa pénétration en Afrique noire et jusqu'en Indonésie qui, aujourd'hui, est le pays qui

compte le plus de musulmans (150 millions). De nouveaux empires fleurissent alors, celui des Séfévides en Iran, des Moghols en Inde, des Turcs ottomans qui conquièrent les Balkans au cœur de l'Europe. Puis c'est le déclin qui ouvre la voie à la colonisation européenne.

Au XIXe siècle, sous le choc de la révolution industrielle européenne, se produit la Renaissance. Des mouvements se créent qui inspireront les luttes de libération conduisant aux indépendances, au milieu du XXe siècle.

Aujourd'hui, l'islam est la religion qui progresse le plus rapidement dans le monde, mais les peuples mulsumans doivent relever les défis technologiques qui annoncent le XXIe siècle.

La mosquée de Djenné, au Mali

Horloge hydraulique dite *à l'éléphant*, d'après le *Livre des procédés mécaniques*.

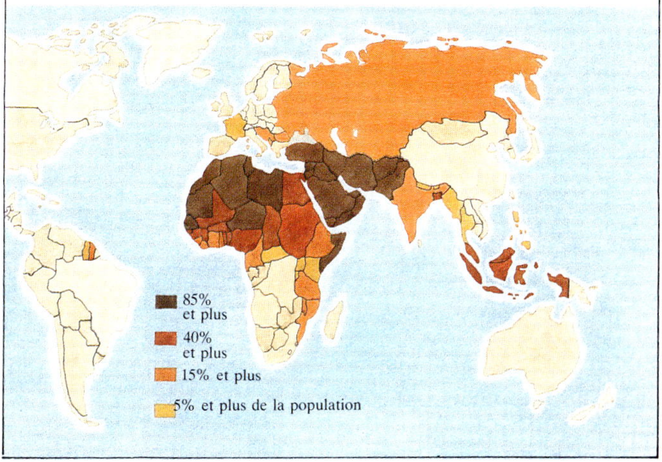

Orient et Occident

Les actes des existences antérieures forcent l'homme à subir leur rétribution. Les actes nous suivent toujours. Ils ne se consument ni ne s'épuisent jamais.
Nâgârjuna,
bouddhiste du II-IIIe s.

Si le confucianisme (p. 230) et le taoïsme (p. 234) n'ont connu de succès que dans le monde chinois (Chine, Corée, Viêt-nam) et si l'hindouisme (p. 200) ne s'est répandu, à partir de l'Inde, que dans le Sud-Est asiatique, le bouddhisme (p. 210) a connu une large diffusion. Dès le début de notre ère, d'innombrables religieux sillonnent l'Orient pour propager ses doctrines. L'Occident les découvre en même temps que l'Asie, et les premiers Occidentaux qui les étudieront seront les missionnaires chrétiens.

S'il éveille la curiosité du monde occidental, l'Orient ne l'influence pas réellement. Ses religions ou systèmes de pensée demeurent spécifiques aux pays d'Asie, même s'ils ont fait, ici et là, un certain nombre d'adeptes en Occident.

L'hindouisme

Le dieu Shiva danseur. Dans un cercle de feu qui consume les désirs, il crée le monde par son rythme et piétine les passions; sur son chignon est posée la lune; autour de son cou s'enroule un cobra, et le Gange coule de sa chevelure.

Le pays où coule le Gange, ô grand prince, est un refuge d'ascèse, un lieu de perfection.

Mahâbhârata

Sceau découvert dans la vallée de l'Indus, gravé de figurines et d'inscriptions encore mystérieuses. Ce dieu à trois visages et aux cornes de buffle est peut-être une forme ancienne de Shiva.

La civilisation de l'Indus

Vers le milieu du IIIe millénaire apparaît sur les rives de l'Indus une civilisation urbaine très avancée. Les fouilles des grandes cités de l'époque, Harappâ et Mohenjo-dâro, ont permis de retrouver des statuettes en terre cuite : femmes aux coiffures compliquées, animaux, jouets... Cette civilisation, dont on ignore presque tout, disparaît vers le milieu du IIe millénaire.

La religion védique

Vers 1200 avant notre ère, des peuplades venues du plateau iranien se seraient établies dans le Panjâb et la vallée du Gange. Une civilisation s'est alors élaborée, appelée *védique* car fondée sur des textes sacrés, les *Veda* ou *Savoir*. Ces peuplades adoraient de nombreuses divinités, auxquelles elles offraient des sacrifices rituels sur de grands autels temporaires.

Le système des castes est né d'une division de la société à l'époque védique. Il désigne des groupes professionnels, des concepts de race ou d'impureté rituelle. On compte quatre grandes castes : les prêtres ou *brâhmanes,* les dirigeants ou *kshatriya,* les agriculteurs et artisans ou *vaishya* et les serviteurs ou *shûdra.* Les *intouchables* sont des hors-castes. Ce système a tendance à disparaître mais il subsiste encore dans les mentalités.

En continuels combats avec les démons, les dieux (deva) appelèrent à l'aide Vishnou, qui s'incarna dans une tortue. Posant sur son dos le mont Mandara, et s'aidant du serpent mythique Vâsuki, les dieux et les démons barattèrent la mer de lait (océan primordial). Le nectar d'immortalité en sortit, l'*amrita.* que Vishnou offrit aux dieux.

Le sanskrit (qui signifie *parfait)* est la langue sacrée de l'hindouisme. Elle dérive de la langue des anciens Indo-Européens, mais elle ne prit sa forme définitive que vers le Ve siècle avant notre ère. Elle aurait, dit-on, été créée par les dieux. Elle a donné naissance à une abondante littérature, religieuse et profane. Elle n'est plus parlée de nos jours que dans les milieux traditionnels.

Qu'Agni (le dieu du Feu) *aimé de tous, l'hôte de la maison, soit vénéré chaque matin, car il est l'immortel qui se réjouit des offrandes des mortels!*

Rig-Veda

Celui qui voit en chaque être l'étincelle spirituelle,
une âme qui participe de l'essence de la Divinité,
il connaît la vraie nature des choses.
Comment l'illusion ou l'angoisse pourraient-elles
avoir prise sur lui?
Shrî Ishopanishad, X, 1

Râma, son épouse Sîtâ et son frère Lakshmana, héros de l'épopée du *Râmâyana*. (D'après une miniature du XVIIIe s.)

J'ai déposé tous les Veda dans mon âme, et j'ai déposé mon âme dans tous les Veda.
Shatapatha Brâhmana

La syllabe sacrée AUM.

Composée de trois sons (A symbolise Brahmâ, U Vishnou, M Shiva), elle contient l'essence de tous les sons.

Les textes

– Les *Veda* sont au nombre de quatre. Le *Rig-Veda,* qui semble le plus ancien, décrit le panthéon védique et organise les divinités en classes : de l'atmosphère, du ciel, de la terre.

– Le *Mahâbhârata,* longue épopée en 200000 vers, raconte les luttes qui opposèrent les tribus installées le long du cours moyen du Gange.

– La *Bhagavad-Gîtâ,* inclue dans le *Mahâbhârata,* enseigne la juste conduite. C'est le cœur de l'hindouisme.

– Le *Râmâyana,* poème en 40000 vers,

Assemblée des chefs des Pandava et des Kaurava, tribus illustres qui s'affrontent dans la grande bataille du *Mahâbhârata*. (Miniature du XVIIIe s.)

reflèterait la conquête du sud de l'Inde. Le héros, Râma, est une incarnation du dieu Vishnou.

– Les *Upanishad* commentent les *Veda*. Leur étude est plutôt le fait des prêtres, les *brâhmanes* ; elle a donné naissance à plusieurs courants religieux que les Occidentaux ont appelés *hindouisme*, ou religion des hindous. Celle-ci ne garde de l'époque védique que des noms de divinités, des concepts philosophiques, des règles de vie et un code moral, les *Lois de Manu*, qui a régi pendant deux millénaires la société indienne.

Jeune garçon incarnant Râma au cours des fêtes du Râmalîlâ.

En haut de page : Le théâtre dansé Kathakali raconte, au cours de spectacles qui durent des nuits entières, des épisodes du *Mahâbhârata*.

Principales villes saintes de l'Inde

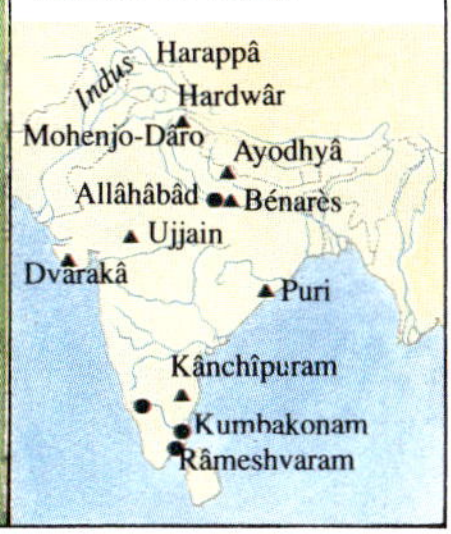

C'est Shiva le Protecteur du monde dans le temps,
le Souverain de l'univers caché dans tous les êtres.
Lorsqu'on l'a reconnu pour tel, on tranche
les liens de la mort.
Shvetâshvatâra Upanishad

Trois des *avatâra* (incarnations) de Vishnou : Matsya le poisson, le Bouddha Gautama et Kalkî, qui doit apparaître à la fin de ce monde.

Les dieux

Pendant la période védique, les Indiens adorent des divinités en rapport avec les éléments, comme Indra, le dieu de la Pluie, ou Varuna, divinité du Ciel et des Orages, ou encore les Marut, qui

La déesse Durgâ, représentée sous sous aspect terrible de tueuse du démon Mahîshâsoura. (D'après une miniature indienne du XVIIIe s.)

symbolisent les vents. Les tribus indo-européennes qui s'installent en Inde à la fin du IIe millénaire adoptent des divinités autochtones (du lieu). Peu à peu, un panthéon s'organise autour de Brahmâ,

Les trois grands dieux hindous avec leur *shakti* (leur compagne, incarnant leur énergie) : Brahmâ, tenant les textes sacrés des *Veda,* et Sarasvatî; Vishnou et Lakshmî; Shiva et Pârvatî. (D'après une miniature du XVIIIe s.)

le dieu primordial, le créateur, de Vishnou, le conservateur, et de Shiva le destructeur (et recréateur) du monde.

Ces dieux (ils seraient 33 millions) sont parfois représentés avec plusieurs têtes (les quatre de Brahmâ incarnent les horizons et plusieurs bras symbolisant leurs divers pouvoirs (p. 20). Les hindous considèrent qu'ils sont les manifestations d'une Réalité unique qu'il est impossible de définir.

Le dieu Vishnou, entre deux créations du monde, se repose sur le serpent à mille têtes, Ananta, qui flotte sur les eaux primordiales. Dans un lotus sortant de son nombril apparaît le dieu Brahmâ, qui participe à la création. Près de lui, se tient son épouse, Lakshmî.

Le but de leur vie religieuse est de s'indentifier à cette Réalité suprême, ou *Brâhman,* et de s'affranchir ainsi de la loi de cause à effet qui entraîne chaque être à se réincarner, après la mort, selon ses mérites passés.

Krishna, incarnation de Vishnou, et Râdhâ, son épouse.

Il ne faut nullement renoncer aux actes de sacrifice,
d'offrande et d'ascèse ; il faut les accomplir,
car ils purifient le sage. Et ces actions mêmes,
il faut certainement les faire en laissant
de côté l'attachement et le fruit.
Bhagavad-Gîtâ, XVIII, 5-6

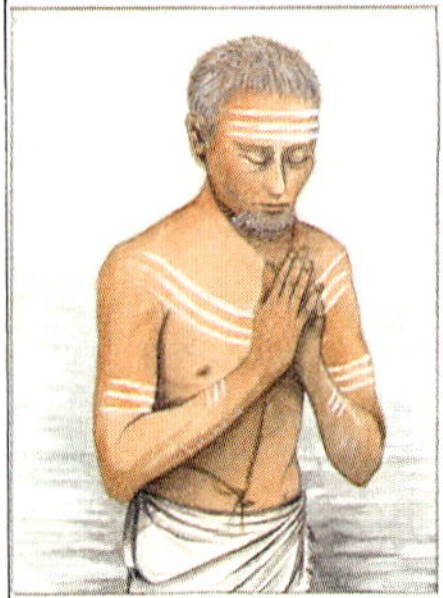

Rites de purification d'un dévot de Shiva.

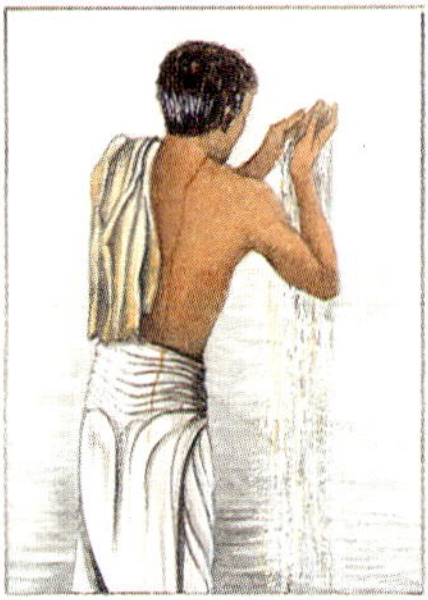

Offrande de l'eau au soleil.

Offrande du feu au lever du soleil, près du Gange.

Adoration de Vishnou dans un temple familial.

Les rites du mariage durent plusieurs jours.

La tradition hindoue est d'incinérer les morts.

Rituel familial effectué par le maître de maison.

Statue du dieu Ganesha honorée sous un arbre.

Offrande au fleuve de fleurs, fruits et lumière.

Chaque temple possède un bassin consacré aux ablutions rituelles.

Cérémonies et rites

Tous les actes de la vie des hindous sont revêtus d'un caractère sacré et doivent donc obéir à des rites précis, publics ou privés.

La cérémonie la plus commune est celle de la prière, appelée *pûjâ,* qui doit se faire au moins deux fois par jour, au lever et au coucher du soleil. On récite ou on chante des textes des *Veda,* en offrant des fleurs et du feu à la divinité que l'on veut honorer. Cette prière s'accompagne traditionnellement de dix-sept rites, variables selon les dieux.

Les rites et fêtes domestiques accompagnent la vie de l'hindou, depuis sa conception jusqu'à sa mort, en passant par le don du nom au nouveau-né, la première coupe de cheveux, l'initiation religieuse, le mariage...

Temple hindou

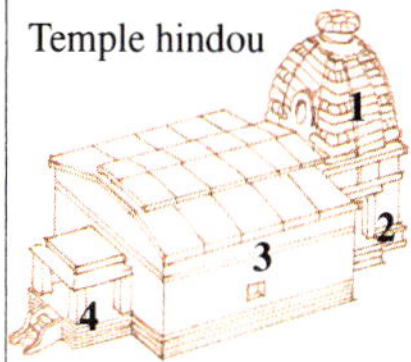

1/ Shikhara (tour)
2/ Sanctuaire (réservé aux prêtres)
3/ Mandapa, où se tiennent les fidèles
4/ Entrée

Temple de Bhûbaneshvar (Orissâ). La visite au temple pour offrir une *pûjâ* est un rite quotidien.

Il n'y a pas de rivière plus sacrée que la Gangâ.
Celui qui contemple Shiva à cet endroit,
même seulement pendant quinze jours,
devient un avec Shiva.
Skanda Purâna

Les sages à l'esprit élevé, allant de place en place, purifient la terre entière.
Bhagavad-Gîtâ, I, 19, 8

Lors des processions, de lourds chars en bois, tirés par des centaines d'hommes, promènent les statues des divinités.

La fête de Dusserah célèbre les héros du *Râmâyana* (p. 202). L'effigie du démon Râvana est alors brûlée

Les fêtes et les pèlerinages

Les grandes fêtes – plus de 400 par an – varient selon les régions et les divinités, selon les sectes aussi. Elles attirent en général des foules immenses. Parmi les fêtes les plus importantes du monde hindou, il faut citer celles du Pongal, célébrée dans le sud de l'Inde où, en janvier, on fête la première récolte du riz et on honore les animaux domestiques; celle de la Shivarâtrî, en honneur à Shiva, au cours de laquelle, en février, les fidèles doivent passer la nuit dans le temple, alors spécialement décoré; celle du Holî, en l'honneur de Krishna, qui annonce l'arrivée du printemps : chacun s'asperge, à cette occasion, de poudres et d'eau colorée en

Les fêtes de Ganesha, le dieu à tête d'éléphant, fils de Shiva, sont très populaires. A Bombay, sa statue est, selon la coutume, jetée dans la mer.

rouge, symbolisant le sang nouveau qui coule dans les veines.

Les pèlerinages sont très nombreux tout au long de l'année, et les hindous se déplacent constamment pour rendre visite aux lieux saints, assister à une fête où faire leurs dévotions dans un temple célèbre. Certains pèlerinages consistent à remonter ou à descendre le cours de rivières sacrées, d'autres à gravir des montagnes pour avoir un *darshan,* ou *vue bénéfique,* d'un site sacré ou même parfois d'un saint personnage.

Les rives du Gange sont jalonnées de lieux de pèlerinage. A Allâhâbâd, où se rencontrent les eaux sacrées du Gange et de la Yamunâ, a lieu tous les douze ans, fin janvier, la Khumba Melâ : des milliers de pèlerins viennent s'y purifier.

Le jaïnisme

Né en Inde au Ve s. av. J.-C., avec Mahâvîra, le jaïnisme vise, tout comme l'hindouisme et le bouddhisme, à libérer les êtres du cycle des réincarnations. Ses textes sacrés sont les enseignements de maîtres (les *Jina),* dont Mahâvîra est le vingt-quatrième et dernier. Ses adeptes, les *jaïna,* sont environ 3 millions (0,5% de la population de l'Inde). Ils respectent la vie humaine, animale, végétale : ainsi, certains religieux se couvrent la bouche d'un tissu et balayent devant eux pour éviter de tuer des insectes.

Le Bouddha prêchant, d'après une sculpture du VIe s. Il fait le geste de l'enseignement.

Le bouddhisme

Le fondateur

Au VIe s. avant notre ère, l'Inde est en pleine effervescence religieuse. Des philosophies se créent (p. 209) plus ou moins en réaction contre le ritualisme des brâhmanes, qui constituent alors la première et la plus importante des castes. Parmi ces doctrines, le *bouddhisme,* ou religion du Bouddha, devait devenir la plus influente.

Né vers 553 avant notre ère aux confins de l'Inde et du Népal actuels, dans la petite tribu des Shâkya, le prince Siddhârtha Gautama (que l'on nommera Shâkyamouni ou *sage des Shâkya)* quitte, à l'âge de trente ans, la cour princière de Kapilavastu pour aller à la recherche d'une

C'est à Bodhgayâ, dans l'Etat actuel du Bihâr, que le Bouddha, assis en méditation sous l'arbre pippal (figuier), atteignit l'Illumination. Un temple y fut élevé, vers le IIe s., entouré de nombreux stûpa.

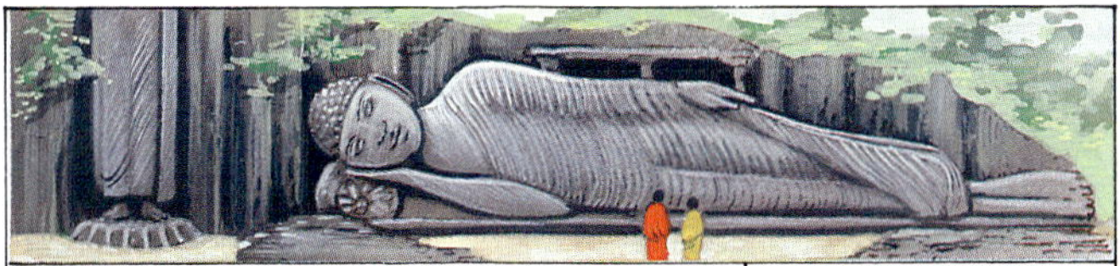

Vérité qu'il ne trouve pas dans les enseignements hindous.

Après plusieurs années d'austérités et d'études sous la direction de sages, il abandonne les mortifications et s'installe en méditation sous un arbre sacré à Bodhgayâ, décidé à n'en plus bouger avant d'avoir compris les causes de la souffrance et de parvenir ainsi au parfait éveil de son esprit. Après quelque temps, il a la révélation, *l'Illumination,* et devient un *Eveillé* ou *Bouddha.*

Il mène alors une vie errante, ne cessant de prêcher, passant la saison des pluies dans des monastères créés grâce à l'appui de princes convertis. Il meurt vers quatre-vingts ans. Après son incinération, ses fidèles érigent sur ses reliques des *stûpa,* ou monuments commémoratifs.

Le grand Bouddha gisant de Polonnaruwa, au Sri Lanka. Long de 15 m, sculpté à même le roc, il évoque le *parinirvâna,* c'est-à-dire la mort du Bouddha.

La légende dit qu'avant la naissance de Gautama la reine Mayâ vit en rêve son fils pénétrer dans son sein sous la forme d'un éléphant blanc.

La reine Mayâ donnant naissance au futur Bouddha Gautama.

Le lotus, qui s'élève, pour fleurir, au-dessus de l'eau, est le symbole de l'éveil, de la réalisation parfaite.

Par l'observance d'une vie pure, par la maîtrise et la victoire sur soi-même, l'homme devient parfait : voilà la sainteté suprême.
Theragâthâ, 212

Dieu Brahmâ, je t'en informe, j'ouvre dès maintenant les portes de l'immortalité.
Dharmagupta, Vinayapitaka

Principaux sites bouddhiques de l'Inde

Ayant atteint l'Illumination, le Bouddha va retrouver ses anciens compagnons à Sarnâth près de Vârânâsî (Bénarès) et leur enseigne les principes qu'il a découverts. Les ayant convaincus, il les envoie prêcher ce qu'il appelle la *Bonne Parole* et former à leur tour des disciples en Inde. Ceux-ci viennent de toutes les castes : brâhmanes, marchands, paysans...

L'enseignement du Bouddha

Les vérités découvertes par le Bouddha sont au nombre de quatre :
- la vie est douleur, souffrance, impermanence (éphémère);

Les premières images du Bouddha furent celles de l'empreinte de ses pieds. Celles-ci sont vénérées à Bodhgayâ.

- tout ceci provient d'une source unique, le désir de posséder le bonheur et l'attachement à la vie;
- si l'on supprime la cause, on annule l'effet, donc en supprimant le désir, la douleur n'a plus de raison d'être;
- afin de supprimer le désir, il est nécessaire de mener une vie pure et exempte d'égoïsme.

Le Bouddha, suivi de ses disciples, reçoit une aumône. Comme dans la tradition hindoue, les disciples du Bouddha, en quête de la Vérité ultime, renoncent aux biens matériels et mendient leur nourriture. En échange, les laïcs bénéficient de leurs enseignements. (D'après un manuscrit birman du XIXe s.)

Cette dernière vérité, appelée le *Noble Octuple Sentier* (qui comporte huit points), est une morale destinée à briser les réincarnations successives (cycle des naissances et renaissances), afin de rejoindre un état de béatitude absolue sans aucun désir, le *Nirvâna*.

La doctrine du Bouddha n'est pas une véritable religion, mais plutôt une philosophie visant à l'apaisement total des sens. Ses sermons sont mis par écrit par ses fidèles vers le IIe ou IIIe siècle av. J.-C., ainsi que le récit de sa vie, agrémenté de légendes. Divisés en trois groupes, les *Trois Corbeilles,* ces textes sont les Ecritures majeures du bouddhisme.

Tanka (peinture tibétaine sur tissu) du XIXe s.

Le *Bouddha,* le *Dharma*(la loi bouddhique symbolisée ici par le lotus), sur lequel se tient le *Sangha* (la communauté des moines) constituent les Trois Joyaux du bouddhisme. *Le Bouddha est le médecin, le Dharma est le remède, le Sangha est l'infirmier qui administre le remède.*

Le cœur du sage est comme un lac profond :
pur et immobile.
Dhammapada

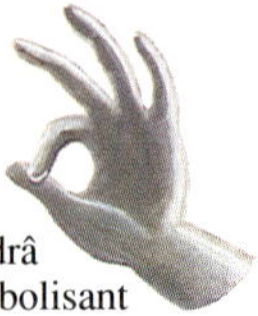

Mudrâ symbolisant l'absence de crainte.

Mudrâ de la méditation. Le rituel bouddhique a développé une gestuelle des mains très complexe, les *mudrâ*.

Divinités, rites et fêtes

Le bouddhisme donna naissance à deux grandes écoles : le *Theravâda,* qui est essentiellement une règle de vie monastique, sans divinité suprême, et le *Mahâyâna,* qui divinisa la personne du Bouddha et adopta la plupart des divinités de l'hindouisme pour en faire des protecteurs de la Loi bouddhique.

Toutes les traditions bouddhiques n'ont en commun que la révérence pour le personnage historique du Bouddha. Aussi les fêtes religieuses et les rites

Le bouddhisme Mahâyâna possède de nombreuses divinités. Il attribue au Bouddha de multiples émanations. Certains courants conçoivent même un Bouddha primordial suivi de nombreux autres Bouddha ayant précédé Gautama, et un Bouddha du futur, appelé Maïtreya. On vénère des *Bodhisattva,* êtres de compassion qui ont renoncé au Nirvâna afin d'aider les êtres vivants à parvenir à l'éveil suprême. Le plus vénéré est Avalokiteshvara,qui incarne la compassion infinie, d'où ses multiples bras et ses nombreuses têtes.

différent-ils beaucoup selon les époques, les écoles et les pays.

La fête suivie par tous les bouddhistes est celle de la commémoration de la naissance du Bouddha Gautama, célébrée vers le 8 avril de chaque année. Le

parinirvâna (mort) du Bouddha est généralement fêté le 15e jour de la 7e lune en juillet, en honorant les esprits des morts : on allume de petites lampes qu'on fait flotter sur les eaux des rivières afin qu'elles accompagnent les défunts sur le chemin du *paradis* d'un des Bouddha vénérés. Chaque grand Bodhisattva et chaque divinité du bouddhisme Mahâyâna sont souvent liés à des fêtes locales, car toutes les activités sont placées sous la protection du Bouddha et des divinités qui lui sont associées.

Autel avec offrandes de nourriture et de lumières, dans le bouddhisme tibétain.

Le bouddhisme tantrique possède des divinités à l'aspect bienveillant et d'autres à l'aspect terrible, dont le rôle est d'anéantir ce qui fait obstacle à la Doctrine. Mahâkâlâ est de celles-là. (D'après une broderie tibétaine du XVIIIe s.)

Maïtreya ou Miroku, le Bouddha du futur. (D'après une statue japonaise en bois, VIIe s.)

Ni dans le ciel, ni au milieu des mers, ni à l'intérieur des cavernes des montagnes n'existe un lieu où l'homme se puisse libérer d'une mauvaise action qu'il a commise.
Dhammapada, 127

La procession de la Dent sacrée (ci-dessous), une des plus célèbres reliques du Bouddha, a lieu chaque année à Kandy (Sri Lanka). Elle est l'objet de fêtes qui durent une semaine.

Bouddha recouvert d'or et de joyaux, identifié à un roi, d'après une statue birmane du XIXe s.

L'Asie du Sud-Est

Le bouddhisme est propagé dans toute l'Inde grâce à l'empereur Ashoka (IIIe siècle avant J.-C.) qui s'y convertit et jalonne le pays de stûpa. Il y sera florissant jusqu'au VIIIe siècle environ. Le rayonnement de l'université bouddhique de Nâlandâ s'étend à tout l'Orient. Vers le Xe siècle, concurrencé par de nouvelles doctrines hindoues (p. 201), le bouddhisme disparaît de l'Inde.

Le bouddhisme Theravada se réfugie alors dans l'île de Ceylan (Sri Lanka) et dans l'Asie du Sud-Est : Birmanie, Thaïlande et Laos, où il est encore très vivant. Il serait apparu à Ceylan vers le IIIe siècle avant notre ère, et y devint très influent. La Birmanie, elle aussi acquise très tôt à cette forme de bouddhisme, eut ses villes sacrées : Pagan, sa capitale, possédait plus de 5000 temples.

Angkor, la *ville-temple,* est un exemple de la coexistence de l'hindouisme et du bouddhisme Mahâyâna dans le Cambodge du XIIe s.

En Thaïlande, monastères et stûpa parsèment le pays par milliers, et de nombreux laïcs font retraite au moins une fois dans leur vie au sein d'une communauté monastique.

Le bouddhisme Mahâyâna est importé très tôt au Cambodge, mais il n'y reçoit droit de cité qu'à la fin du XIIe siècle. Il pénètre, au IXe siècle, à Java où les souverains édifient le sanctuaire du Borobudur; bouddhisme et hindouisme y formeront peu à peu un syncrétisme.

Moine bouddhiste de l'école Theravâda, prenant son unique repas quotidien reçu en aumône.

La Thaïlande et la Birmanie, qui eurent pendant des siècles le bouddhisme comme religion d'Etat, sont couvertes de splendides sanctuaires. Ainsi, les stûpa dorés du temple d'Ayuthya, en Thaïlande, du XVe s.

Tant qu'un être vivant respire, où qu'il soit,
là, compatissant, apparaîtra le Bouddha, incarné.
Mgon-rtog-rgyan

Le son grave de longues trompes accompagne certains rituels. Cymbales et conques sont aussi utilisées.

Depuis l'invasion du Tibet par la Chine, en 1959, le 14e dalaï-lama est en exil en Inde.

Le bouddhisme tibétain

Le bouddhisme est introduit au Tibet au VIIe siècle par des religieux venus du Bengale, du Cachemire et de Chine. La tradition attribue ce mérite au roi Srong-btsan Sgam-po. Le bouddhisme Mahâyâna y subit l'influence de l'ancienne religion, de type chamanique, le *Bonpo.* Il adopte également des doctrines tantriques (enseignements secrets, teintés de magie) qui s'étaient développées en Inde en milieu hindou. Le bouddhisme tibétain prend rapidement une coloration particulière, appelée *lamaïsme* (du nom des religieux tibétains, les *lama*), dans lequel une prolifération de divinités et démons symbolise les forces de l'univers.

Un maître indien, Padmasambhava, à qui l'on doit le *Livre des Morts tibétain*, réforme ce bouddhisme et crée le premier monastère en 749. La secte des *Bonnets rouges* se développe. Après une période de repli dû à des persécutions, le bouddhisme réapparaît au Tibet vers le XIe siècle, avec des doctrines tantriques importées du Cachemire.

Au début du XVe siècle apparaît la secte rénovatrice des *Bonnets jaunes*, aujourd'hui encore majoritaire. Au Bhoutan, c'est la secte ancienne des *Bonnets rouges* qui domine.

Objets de culte du bouddhisme tibétain :
– la cloche, image du monde sensible;
– le sceptre-diamant ou *dorje,* symbole de la nature de Bouddha, une et pure;
– le moulin à prières, que l'on fait tourner afin que le message des textes sacrés qu'il contient soit favorable à tous les êtres;
– le chapelet ou *malâ,* que l'on égrène en récitant des formules sacrées, les *mantra.*

A la fin du XVIe s., les Mongols installent au Tibet une *théocratie* (p. 50) : le dalaï-lama (*dalaï* signifie *océan*) est considéré comme la réincarnation du Bodhisattva Avalokiteshvara.

Le Potala, palais du dalaï-lama, à Lhassa, édifié au XVIIe s. sous le 5e tenant du titre.

Personne ne suit le chemin qui mène au ciel,
mais tout le monde veut forcer les portes de l'enfer.
Proverbe chinois

Les bouddhistes doivent faire face, en Chine, à un long et difficile travail de traduction des textes indiens.

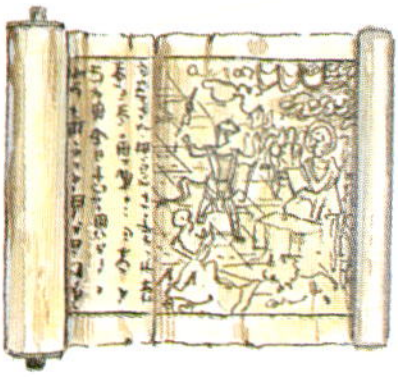

Ils inventent des planches gravées pour reproduire images et textes. Le *Sûtra du Diamant* (ci-dessus) est le plus ancien texte imprimé connu (IXe s.).

La Chine et la Corée

Apparu très tôt en Chine, peut-être au IIe siècle, en provenance de l'Asie centrale où il avait déjà profondément pénétré, le bouddhisme est, dans un premier temps, assimilé au taoïsme (p. 234), la *religion* populaire des Chinois.

C'est à partir des IVe et Ve siècles qu'il prend une grande extension, patronné par les souverains. Combattu au IXe siècle par le confucianisme triomphant, il disparaît presque complètement, bien que les Mongols adoptent le lamaïsme tibétain comme religion nationale.

Cependant, au cours de sa grande période (IVe-IXe siècles), où le bouddhisme

Aux VIe-VIIe s., Bodhidharma, venant de l'Inde, propage le bouddhisme Mahâyâna en Chine, où il contribuera à développer l'Ecole du *Chan* (terme d'origine sanscrite qui signifie *méditation,* et qui deviendra le *zen* au Japon)

Si vous vous effrayez, vous êtes dans l'erreur.
Si vous savez apaiser votre esprit et le maintenir immobile en toutes circonstances,
vous êtes dans le vrai.
Traité de Bodhidharma

Mahâyâna s'est considérablement répandu en Chine et en Asie centrale, se sont développés divers courants, comme celui du *Chan,* venu de l'Inde avec Bodhidharma au début du VIIe siècle.

De Chine, le bouddhisme émigre en Corée au VIe siècle, et y connaît rapidement la faveur populaire : monastères et temples y fleurissent. Mais là aussi, il tombe en disgrâce avec l'arrivée au pouvoir de souverains favorisant le confucianisme. Cependant, aujourd'hui encore, environ 35% de la population de la Corée est bouddhiste.

Xuanzang, pèlerin chinois du VIIe s., aurait rapporté de l'Inde soixante-quinze textes bouddhiques.

Moine bouddhiste coréen battant le tambour pour réveiller la communauté.

A partir du Ve s. sont creusées et décorées d'innombrables grottes-monastères, telles celles de Dunhuang et de Longmen (ci-dessous) où quelque 2000 grottes abritent plus de 100000 statues.

Dans tous les pays, il n'est pas un hameau
Si humble, si reculé, que la lune d'argent
Ne touche de ses rayons. Mais lorsqu'un homme
Ouvre sa fenêtre et regarde au loin,
La vérité du ciel entre et demeure avec lui.
Hônen (1133-1212)

Le bouddhisme japonais

Venu de Corée en 538, le bouddhisme s'implante au Japon assez rapidement au sein des classes cultivées, malgré l'opposition des tenants de la religion ancestrale, le shintô (p. 226). Six sectes principales s'installent alors à Nara, où sont élevés des temples aux divers Bouddha du panthéon mahâyâniste.

Ces sectes étant jugées trop politisées et *hermétiques* (réservées à des initiés), deux religieux, Saichô et Kûkai, se rendent en Chine au début du IXe siècle en quête de doctrines nouvelles.

Mais le bouddhisme demeure aristocra-

Les arts martiaux sont une autre forme de méditation pour le bouddhiste zen. Pour viser juste, l'archer doit avoir pacifié son esprit.

Moine exerçant son esprit à la concentration devant un jardin zen. Ce dernier, d'inspiration taoïste (p. 234), est une synthèse de la nature : le sable évoque l'eau, et les rochers les montagnes.

La vie,
Quelle image en donner?
Celle du reflet de la lune
Dans la goutte de rosée
Suspendue au bec d'un oiseau aquatique.
Dogen, fondateur d'une branche de bouddhisme zen, XIIIe s.

tique (ne s'adresse qu'à une élite). C'est la foi en Amida, un des cinq *grands Bouddha* des horizons, ne réclamant qu'une simple piété pour que le fidèle soit sauvé à l'heure de sa mort, qui permet au bouddhisme de se répandre parmi le peuple.

Au XIIe siècle, des religieux chinois importent les théories du Chan (p. 221) qui, mêlées aux croyances ancestrales japonaises, deviennent le bouddhisme *zen*. Le bouddhisme populaire demeure étroitement associé au shintô. Il est combattu par le confucianisme jusqu'à ce qu'il s'en sépare nettement, en 1870. Le bouddhisme, avec ses sectes multiples, connaît alors un regain de faveur. Il est actuellement pratiqué par une grande majorité de la population japonaise.

La grenouille qui médite, d'après une peinture japonaise du XVIIe s. La grenouille, qui sait rester immobile et vigilante, est un thème cher aux artistes zen, qui privilégient toujours l'humour.

Pagode à trois étages élevée au début du VIIIe s., près de Nara, au Japon.

Le shintô

Les îles japonaises

Le couple divin Izanagi et Izanami, barattant la mer primordiale, fait prendre forme aux îles du Japon. Au-dessus d'eux, est la *Haute Plaine céleste* .

La société du Japon ancien se divise en clans dont chacun vénère une divinité tutélaire (protectrice), en fait un ancêtre déifié (considéré comme un dieu) ; le chef de clan détient les pouvoirs politique et religieux. Au IVe siècle, l'un d'eux devient le clan impérial.

Les croyances et rites du Japon antique sont appelés *shintô,* terme qui signifie *voie des dieux,* par souci de distinction du bouddhisme ou *voie du Bouddha*.

Les dieux

Le *shintô* se compose d'une multitude d'éléments tels l'animisme (p. 116), la vénération de la nature, le culte des ancêtres, etc. Ses divinités sont appelées *kami*. Quand le Japon adopte l'écriture chinoise, ce mot est transcrit par le caractère *esprit*. Un savant du XVIIIe siècle définit ainsi les divinités shintô:

D'abord toutes les divinités du ciel et de la terre. (...) *Puis les augustes es-*

Au large d'Ise, des *rochers mariés* forment un *torii* naturel, délimitant l'aire sacrée d'un sanctuaire.

prits vénérés dans les sanctuaires. (...) Tout ce qui est oiseau, animal, arbres, plantes, les mers aussi bien que les montagnes, bref tout ce qui n'est pas ordinaire (...) tout ce qui est à même d'inspirer de l'effroi.

Deux livres mythologiques, *Kojiki* et *Nihongi,* ont été rédigés au VIIIe siècle. Selon les mythes relatifs à la création du monde, les premières divinités existent dès l'origine, mais ce n'est qu'avec le couple Izanagi et Izanami que commencent procréation et naissance : des îles japonaises d'abord, des divinités de la nature ensuite. A la naissance du dieu feu, Izanami meurt; Izagani, après une vaine tentative pour récupérer son épouse en enfer, doit procéder à des ablutions d'où naissent d'autres *kami,* dont celui du soleil.

Au milieu du XIXe s. est institué le shintô d'Etat, avec, au centre, la personne sacrée de l'empereur, cela jusqu'en 1945.

Des divinités liées aux esprits des ancêtres apportent aux hommes bonheur et richesse lors des fêtes du Nouvel An.

Le mont Fuji, volcan éteint de 3776 m, est divinisé comme toutes les forces naturelles. Il incarne la perfection et l'immuabilité. Son ascension est un rite pour lequel il faut se purifier.

Un *torii,* portique de bois peint en rouge, marque l'entrée des sanctuaires shintô, séparant le monde sacré du profane.

Le clan impérial considérait Amaterasu, la déesse soleil, comme son ancêtre divine. Un jour, celle-ci s'enferma dans une grotte, privant le monde de lumière et de chaleur. Les dieux la firent sortir en attisant sa curiosité par leurs rires et en la *piégeant* à l'aide d'un miroir.

Les rites

Où résident les *kami?* A l'origine, ils sont sans doute vénérés dans la nature même, au milieu des forêts, au pied des rochers et des arbres, au bord de la mer, ou encore dans les rizières. Ainsi, le mont Miwa constitue en lui-même le *corps* d'une divinité.

Quelle que soit la nature des *kami,* ce sont à présent les sanctuaires shintô qui servent de lieu de culte et de vénération. Ils sont aujourd'hui plus de 80000 au Japon. A l'intérieur du pavillon principal est enchâssé un symbole de la divinité, souvent un miroir ou un sabre, objets censés renfermer des forces mystérieuses. Tout espace sacré est marqué par une corde en paille tressée, symbole aussi de la présence divine.

L'activité religieuse autour d'un sanctuaire obéit au cycle de l'agriculture et des étapes de la vie humaine (en particulier, naissance et mariage). Mais les fêtes shintô sont aussi pour les *kami* qu'on accueille l'occasion de s'amuser : danses, tir à l'arc, lutte *(sumô),* lanternes et musique créent une atmosphère de joyeuse agape.

Les *kami* s'amusent, mais ils ont horreur des impuretés. La pureté morale et corporelle est la loi essentielle du *shintô.* Sont ainsi exclus d'une visite au sanctuaire les malades ou toute personne en deuil. Le fidèle qui se rend auprès d'un

Le repiquage du riz, culture de base au Japon, est l'occasion de grandes fêtes rituelles.

kami se rince la bouche et se lave les mains dans un bassin placé à l'entrée du sanctuaire. Arrivé devant le pavillon de vénération, il retire son manteau ou sa veste, fait retentir la cloche pour chasser les mauvais esprits, puis dépose son offrande en jetant une pièce d'argent dans une boîte, frappe trois fois dans ses mains et s'incline avec respect. Au retour, il consulte son horoscope.

Le *shintô* attache une grande importance à l'harmonie entre l'homme, ses *kami* et la nature : les ancêtres mués en divinités protectrices résident sur une montagne (lieu d'enterrement), d'où ils veillent au bien-être de leurs descendants en leur envoyant, par exemple, l'eau nécessaire à l'agriculture.

Au VIe siècle, lorsque le bouddhisme est introduit au Japon, il assimile les divinités shintô comme des manifestations de Bouddha (p. 210), ce qui explique que le fidèle ne fait pas toujours une distinction nette entre les divinités bouddhiques et shintô.

Quand ils se déplacent au cours d'une fête, les *dieux* empruntent des palanquins pour faire le tour de la communauté de leurs descendants.

Prêtre shintô.

Le temple d'Ise, consacré à la déesse soleil Amaterasu, est reconstruit tous les vingt ans, fidèle au style établi au VIIe s.

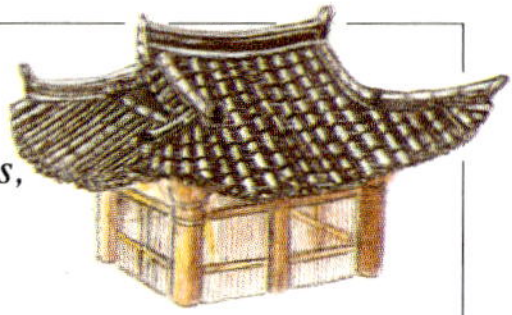

Je ne me plains pas du ciel, et n'accuse pas les hommes. Je m'applique à apprendre des autres, afin de connaître les choses les plus profondes.

Confucius

Le confucianisme dans le monde

La danse, comme la musique, en tant que recherche d'harmonie, s'inscrit parfaitement dans la sagesse confucéenne. (Statuette funéraire du VIIIe s.)

Son origine

Le confucianisme est une école philosophique de la Chine ancienne. Il exerça et exerce toujours une si grande influence sur la société chinoise qu'il se confond tout simplement avec la vie de ce peuple.

Cette école est fondée au VIe siècle avant notre ère par Kong Zi (ou Kong Fuzi), à qui les missionnaires jésuites donneront le nom latinisé de Confucius quand ils traduiront ses textes.

Celui-ci naît, en 551 avant J.-C., à Qufu, une petite ville de l'actuelle province de Shandong, où sera érigé un spendide temple en son honneur. Dans l'histoire de la Chine, aucun homme ne fut autant respecté et estimé que lui. Dès le IIIe siècle avant J.-C., l'endroit de sa naissance devient un haut lieu de pèlerinage pour les empereurs, les lettrés et le peuple.

Les textes

– Les *Livres canoniques*, à partir desquels s'est fait l'enseignement de la doctrine confucéenne. Ce sont les Cinq Classiques : le *Livre des Mutations (Yijing)*, le *Livre des Poèmes (Shijing)*, le *Livre de l'Histoire ancienne (Shujing)*, le *Livre des Rites (Lijing*, ou *Yili)* et les *Annales de la période de Printemps et d'Automne (Chunqiu)*.

Considérés comme le fondement de l'Ecole confucianiste, ces textes offrent

Le confucianisme

un système à la fois philosophique, social, politique et intellectuel. Ils seront étudiés et commentés au cours des siècles, et exerceront une influence considérable sur la Chine jusqu'à nos jours.
– Le *Lunyu* rassemble les entretiens de Confucius avec ses disciples.

Voyageur infatigable, Confucius parcourt durant quartorze ans une vingtaine d'Etats de la Chine, cherchant à en connaître les us et coutumes.

Un homme de bien n'exige pas tous les talents et toutes les qualités chez une seule personne.
Confucius

La légende dit que Confucius serait allé rendre visite à un autre sage, Lao Tseu, fondateur du taoïsme (p. 234).

S'éveiller par la poésie
Se maintenir par les rites
Se parfaire par la musique.
Confucius

Ecole confucéenne.

Aujourd'hui, la statue du sage, détruite pendant la Révolution culturelle (1966-1976), est restaurée, et le temple de Confucius, à Qufu, rouvert au public.

Chaque famille consacre un autel à ses ancêtres, culte essentiel dans le confucianisme.

La doctrine

Né dans la période de grands bouleversements et de guerres, dite de *Printemps et d'Automne* (770-476 av. J.-C.), le confucianisme recherche l'harmonie et la paix dans les rapports humains. La réalisation de cet humanisme s'appuie sur une sévère discipline envers soi et la bienveillance envers les autres.

Le confucianisme n'est pas une religion ; il n'a pas créé un autre monde pour y placer son idéal : *C'est aux services des vivants que je travaille!*

Pour Confucius, seul le monde réel peut donner à l'homme la joie, la paix et la plénitude de soi. Il appartient à chaque individu, par sa propre volonté, d'atteindre cet objectif.

Célébration de rites confucéens, en Corée.

Etude dans une école confucéenne en Corée du Sud.

Sans chercher à imposer sa pensée, Confucius dialogue avec ses disciples, au nombre de 3000, avec ses amis, ses parents, les princes, les paysans... Il aime les hommes et la vie. Il ne parle de la mort que pour valoriser la vie : *Comment est-ce possible de connaître la mort avant de connaître la vie ?*

Chaque homme doit être conscient que l'existence des autres est absolument nécessaire à la sienne : *être soi-même sans négliger les autres.* Confucius déclare : *Un homme de cœur cherche toujours à aider les autres à bien faire, et non à mal faire.*

Les rites

Les cultes des ancêtres, du ciel et de la terre prennent leur source dans les textes confucéens. Les cérémonies du mariage et des funérailles suivent encore la tradition, plusieurs fois millénaire, perpétuée par les lettrés confucéens.

Pour atteindre l'harmonie dans les rapports humains, toute la vie sociale doit devenir un rituel, afin de donner une valeur aux actes quotidiens. Ainsi, les vêtements ont une grande importance. Leurs couleurs et leurs motifs ont un caractère sacré. Ils donnent à ceux ou celles qui les portent une plus grande responsabilité dans la société. Et c'est cette responsabilité de chacun que prône le confucianisme, car elle est indispensable à l'harmonie de l'humanité.

Un homme bon n'est jamais seul.
Confucius

La sagesse confucéenne semble inséparable de l'âme chinoise. Un savant chinois contemporain affirme : *Tout Chinois est confucéen ou n'est pas Chinois.*

Par son humanisme, Confucius a contribué à la paix et à la stabilité sociales dans son pays.

Le taoïsme religieux

Symbole de l'Etre suprême, sous la forme des principes masculin (*yang*) et féminin (*yin*) qui, imbriqués, créent tous les phénomènes. Autour, huit *trigrammes* évoquent le ciel, les saisons... Ils sont utilisés par les devins.

Il y a cinq interdits chez les taoïstes : tuer, boire du vin, mentir, voler et pratiquer l'adultère. En revanche, le taoïsme préconise dix bonnes pensées telles que : aimer ses parents, être loyal envers ses princes et ses maîtres, être bon envers tous les êtres, pratiquer la tolérance, la générosité, aider les autres, se sacrifier, etc.

Le taoïsme religieux ou *Daojiao,* apparaît au IIe siècle, à la fin d'une période très troublée, avec Zhang Dao Ling, lettré nourri des textes confucéens. *Trouvant ces connaissances livresques inutiles pour la vie éternelle, le Maître Céleste* (Zhang Dao Ling) *décida de partir pour apprendre le Dao de l'immortalité.* (Il) *menait une existence d'ascète et un jour, il reçut d'un enfant mystérieux le Texte nouveau et unique du Dao.*

Le taoïsme est d'abord une école philosophique qui se développe entre 770 et 476 av. J.-C. et qui ouvre probablement la voie du taoïsme religieux. Le philosophe Lao Zi (ou Lao Tseu) est considéré comme son fondateur. Selon la légende, il partit sur son buffle vers les pays de l'Ouest.

Le t'ai chi chuan, ou *combat contre l'ombre* (ci-contre), pratiqué quotidiennement par des millions de Chinois, est d'inspiration taoïste et vise à harmoniser le corps et l'esprit.

Montagnes dans la brume, image de l'harmonie par l'union du yin (la brume) et du yang (les montagnes). (D'après Mi Yu-jen, XIIe s.)

Il guérit alors toutes les maladies et des disciples affluent par milliers.

La doctrine

Une doctrine plus complète se développe, sans doute sous l'influence du bouddhisme, introduit en Chine au milieu du Ier siècle après J.-C. Le Daojiao insiste alors sur les actes, bons et mauvais, qui décident du sort de l'âme. De nouvelles sectes apparaissent. Mais une doctrine commune à toutes peut se résumer ainsi :

– les divinités du ciel, de la terre, de l'eau... reçoivent un culte; le philosophe Lao Zi est le *Maître Suprême;*

– la maîtrise du corps et de la chasse aux mauvais esprits, par le biais du talisman et de l'exorcisme, est l'objet d'une initiation;

– l'esprit et le corps sont purifiés par la méditation et l'absorption de la pilule d'immortalité afin d'atteindre la vie éternelle;

– la *Voie,* ou *Dao,* est transmise par le maître à ses disciples; elle comporte des jeûnes à observer, des *formules magiques* (prières) et des textes sacrés à réciter.

Hsi Wang-mou, la reine-mère de l'Ouest, portant des offrandes. (D'après une tenture du XVIIIe s.)

Celui qui sait ne parle pas,
celui qui parle ne sait pas.
Lao Zi

Les textes

Au cours des siècles, les textes taoïstes s'accumulent et sont commentés. Sous la dynastie des Ming (1368-1644), on compte 5485 volumes sous le titre de *Daozan, le trésor du Dao*.

Temple taoïste.

Un des juges de l'enfer. Des tribunaux, différents selon les fautes, décident des peines et de la future réincarnation.

Le taoïsme dans le monde

Qui connaît l'autre homme est intelligent,
qui se connaît est éclairé.
Lao Zi

Rites et fêtes

Parmi les rituels, le plus important est celui de la cérémonie *Jiao;* il consiste à purifier la terre et à chasser les mauvais esprits. Les taoïstes y cherchent l'union avec le *Dao,* ce qui confère l'immortalité. On devient alors *femmes et hommes véritables.*

Se rattachant à leur origine populaire et à l'agriculture, les fêtes chinoises, telles que la fête du Nouvel An et celle de la Mi-Automne, sont sans rapport avec la religion. La seule fête importante du taoïsme religieux est celle du *Zhon-gyuan* (le quinzième jour de la septième lune). Ce jour-là, les morts affamés sont censés apparaître aux vivants, et les prêtres taoïstes, grâce à la cérémonie *Jiao,* libèrent de leurs souffrances les âmes des défunts.

Les montagnes célèbres, où s'élèvent les temples taoïstes, constituent généralement des lieux saints. Ainsi, la Montagne Tai (dans la province du Shandong), la Montagne Hua (province du Shanxi) et la Montagne Ermei (province du Sichuan), où la tradition fait résider les Immortels, loin du tumulte mondain. Tout adepte cherche à les rencontrer en se rendant sur ces lieux.

A la recherche d'un Immortel
J'ai parcouru les Cinq Montagnes du pays
Jamais ne m'a rebuté leur éloignement.

Li Bo, poète chinois du VIIIe s.

Prêtre taoïste de Taïwan.

Prière dans un temple de Corée du Sud.

Ahoura Mazdâ est représenté sur les bas-reliefs de Persépolis par un disque muni de deux ailes et d'une queue d'oiseau.

Le mazdéisme s'appelle aussi *zoroastrisme ;* le premier nom vient d'Ahoura Mazdâ, le second de Zoroastre. Dans une prière, les mazdéens se disent adorateurs d'Ahoura Mazdâ et adeptes de la doctrine de Zarathoustra.

Prêtre portant un faisceau de rameaux sacrés

Le mazdéisme antique

La plus ancienne forme du mazdéisme est celle des Perses, aux Ve et IVe siècles avant J.-C. Ceux-ci sont alors maîtres d'un immense empire, de l'Indus à la Grèce, de l'Egypte à l'Asie centrale.

Devant de petits autels où brûle un feu – *les autels du feu* –, les mazdéens rendent culte à leurs dieux : Ahoura Mazdâ, dieu principal, dieu de la Voûte céleste; Mithra, dieu du Soleil et de la Justice; Anahitâ, déesse guerrière de la Fécondité; et d'autres dieux encore, des Rivières et des Montagnes.

Le feu lui-même n'est pas adoré, mais par sa flamme et son odeur, il attire les dieux vers les offrandes de victimes animales, de baguettes de bois, de libations. Les prêtres, ou *mages,* récitent des hymmes, inconnus de nous. Le roi perse représente Ahoura Mazdâ sur terre et en

Autels du feu taillés dans la roche, en Perse.

Le mazdéisme

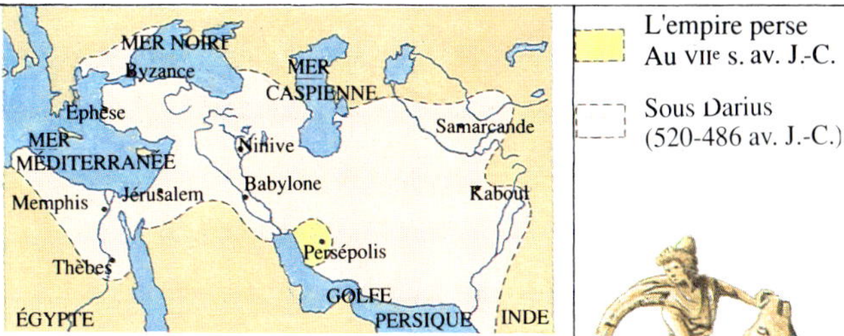

tire sa légitimité; en respectant le bon rituel mazdéen, en faisant régner l'ordre et en garantissant la paix sur le territoire perse, il assure la bonne marche du monde.

Le fondateur

Mais bien avant les Perses, vers l'an 1000 avant J.-C., un Iranien nommé Zarathoustra semble avoir transformé le rituel mazdéen et composé oralement des chants, les *Gâthâs,* qui seront mis par écrit quinze siècles plus tard; ces chants exaltent Ahoura Mazdâ ainsi que le rituel qu'il demande, les divinités qui l'accompagnent, le rejet de dieux interdits, les *daêva,* et la vie dans l'au-delà. Ils sont encore récités de nos jours.

Entre le IIIe et le VIIe siècle, le mazdéisme évolue vers un dualisme, où le dieu bon, Ohrmuzd, s'oppose au dieu mauvais, Ahriman; où les dieux auxquels on peut sacrifier s'opposent aux démons. Mais par l'observation du juste rituel et des lois morales, le mal est toujours vaincu.

Je me déclare adorateur de Mazdâ, sectateur de Zarathoustra, ennemi des démons.

Prière mazdéenne

Dans l'empire romain se répandit une religion d'origine iranienne, le mithraïsme, où le dieu Mithra sacrifie un taureau en le poignardant au cou, renouvelant ainsi la création du monde.

C'est par l'intermédiaire des Perses que les Grecs du IVe s. entendent parler de Zarathoustra, connu dans la tradition antique sous le nom de Zoroastre.

Les mazdéens sont aujourd'hui 200000 dans le monde, dont la moitié en Inde, essentiellement dans la région de Bombay.

De nos jours

Il y a encore des mazdéens parmi nous, en Iran et en Inde. En Inde, on les appelle *parsis (persans)*, car ils sont les descendants d'Iraniens qui s'installèrent là alors que l'Iran s'islamisait.

Vers sept ans, tout mazdéen passe son initiation, le *naojote*. Il est présenté à la communauté, et ceint pour la première fois une ceinture qu'il portera toute sa vie. C'est une grande fête.

Les rites

Iraniens et Indiens ont gardé les textes sacrés – l'*Avesta,* augmenté de textes écrits au IXe siècle – et leurs coutumes. Comme leurs ancêtres, ils rendent culte à Ohrmuzd, c'est-à-dire à Ahoura Mazdâ, et aux autres dieux en présence du feu; cinq fois par jour, ils récitent

Les mazdéens exposent leurs morts dans des constructions appelées *tours du silence* (ci-contre), où les vautours viennent les décharner; les os sont ensuite conservés. Pendant trois jours, la famille du défunt s'abstient de viande et entretient un feu dans la maison. Pendant ce temps, l'âme du mort pleure puis, au quatrième jour, elle gagne l'au-delà pour le jugement.

des prières devant un feu (flamme d'une bougie ou d'une lampe à huile, soleil ou étoile), en dénouant et renouant leur ceinture, symbole de leur lien à la religion et à la communauté mazdéennes.

A diverses occasions – mort, mariage, commémoration –, les mazdéens font faire par leurs prêtres une cérémonie au temple du feu, le *yasna* ou *sacrifice,* à laquelle les fidèles ne participent pas. Les prêtres récitent les textes sacrés et offrent des libations. Le mazdéisme n'aime ni le jeûne ni le célibat, c'est une religion de la bonne vie.

Les mazdéens croient que le temps de l'univers est limité, qu'un jour aura lieu la *Rénovation ultime :* la résurrection de tous les humains et l'enfermement des puissances du mal.

La Rénovation est semblable à une nuit obscure : quand la nuit s'achève, quand le soleil est revenu à sa place et apparaît, frappant les ténèbres et l'obscurité.

Zâtspram, IXe s.

Prêtre accomplissant un rituel du feu, élément sacré avec l'eau et la terre. Le feu ne doit jamais s'éteindre dans le temple. Celui du temple de Bombay brûle depuis 1709.

L'eau sous toutes ses formes est vénérée par les mazdéens d'Iran et d'Inde. Ci-dessus, une source sacrée, à Bombay, est l'objet d'un grand respect.

Le sikhisme

Devant le temple d'or d'Amritsar, lieu sacré du sikhisme, ce sikh porte les cinq symboles de sa foi : la barbe et les cheveux longs, le pantalon court, l'épée, ou *kirpan,* le bracelet d'acier, le peigne.

Les sikhs, essentiellement concentrés dans l'Etat indien du Panjâb, représentent 2% de la population de ce pays.

Leur religion naît au XVe siècle, en réaction contre la volonté de conversion de l'islam – qui domine l'Inde depuis deux siècles – et la rigidité de l'hindouisme, s'inspirant des deux.

Né en 1469, près de Lahore, leur fondateur, Gourou Nanak, prêche une religion faite de tolérance et de dévotion envers un dieu unique, devant qui les hommes sont égaux. Il forme des *disciples* ou *sikh*s. Aux XVIe et XVIIe siècles, neuf autres maîtres lui succéderont. Persécutés, les sikhs deviendront des guerriers pour défendre leurs droits.

Le *Granth Sahib* est le livre saint des sikhs, leur dernier *gourou,* ou *guide.* Il contient les enseignements des gourous fondateurs.

Le druzisme

Mystiques et guerriers, les druzes constituent une branche de musulmans ismaéliens extrémistes (p.194) née au Caire. En 1017, ils annoncent que le calife Hakim (996-1021) est l'incarnation de Dieu. Un de ses proches, le persan Nashkatim al-Durzi, qui donne son nom à la secte, s'installe sur le mont Hauran, en Syrie, et prêche une doctrine centrée sur Hakim dont les fidèles attendent toujours le retour.

La doctrine des druzes est un synchrétisme qui emprunte des éléments à la philosophie grecque, au christianisme, à l'hindouisme avec la réincarnation, et évidemment à l'islam. Leur texte sacré s'intitule *les Livres de la sagesse,* mais il n'est accessible qu'à ceux qui ont été initiés. Le chiffre 7 est sacré pour eux. Aujourd'hui, les druzes forment une communauté fermée répartie sur trois Etats : le Liban, la Syrie et l'Israël.

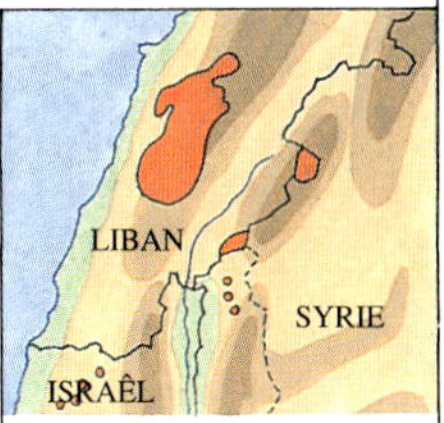

En rouge : les régions où les druzes sont implantés. Ils sont aujourd'hui quelques centaines de mille.

Les druzes suivent un rituel secret, transmis par initiation. Ils ne reconnaissent aucune obligation de prière, de jeûne ou de pèlerinage.

Toutes les décisions concernant la vie de la communauté druze sont prises par les dignitaires réunis en assemblées. Ce sont les initiés, ou *ajaonites,* les seuls à connaître le dogme.

Le baha'isme

Près d'Akka (Saint-Jean-d'Acre), en Israël, sont enterrés le Bab et Baha' U'llah. C'est un des lieux saints baha'is.

Baha' U'llah, malgré l'exil et la prison, rédige les lois et les principes de la communauté baha'ie ou *peuple de Baha'.*

Ci-dessous, son fils, Abd-al-Baha', prêchant. (D'après une illustration du *Petit Journal,* 1913)

La religion baha'ie est née en Perse, au milieu du XIXe siècle, annoncée par un précurseur dénommé *le Bab,* c'est-à-dire *la Porte,* et révélée par Baha' U'llah, *la Gloire de Dieu* (1817-1892). L'essentiel du message est une recherche d'unité, de fraternité et de paix universelle.

Cette religion monothéiste souhaite unir toutes les autres religions et tous les peuples dans une perspective de civilisation mondiale. Elle comporte ni clergé ni sacrements : à chacun de prier, de découvrir en son cœur le message divin et de respecter des règles morales. Les cérémonies consistent en réunions de fidèles, mais il existe des lieux saints et des temples, les *Maisons d'adoration.*

Aujourd'hui, les baha'is sont présents dans le monde entier mais ils subissent des persécutions, en particulier en Iran, où ils sont considérés comme des ennemis de l'islam.

Le vaudou

Il s'abandonne. (...)
Chair de la chair
du monde, palpitant
du mouvement
même du monde.
Aimé Césaire

Le vaudou, ou encore *Vodu* ou *Vodoum*, est d'abord une histoire. Au XVIe siècle, des esclaves africains sont emmenés du golfe du Bénin vers les Antilles, principalement vers Haïti. Là, les colons français s'appliquent à leur faire oublier leur passé : leur culture, leur religion et leur langue. Pour mieux les tenir en mains, pensent-ils, ils les obligent à adopter la religion catholique.

En fait, ces esclaves observeront leur religion traditionnelle et la religion catholique, faisant un mélange des deux : un *syncrétisme*. Le mot *vaudou* désigne à la fois cette religion et son dieu principal, le *Grand Maître*, qui ressemble au *Bon Dieu* des chrétiens.

Né en Haïti, le vaudou compte aussi des adeptes au Bénin, implanté par des Africains exilés de retour chez eux.

De la boue est sortie la vie. Les adeptes vaudou y reçoivent la force d'affronter le malheur.

La manifestation la plus impressionnante est la possession : au cours de danses endiablées, un esprit s'empare d'un danseur, lui communique son message et lui donne sa force de guérir.

L'arbre, lieu d'échanges avec les esprits, reçoit les offrandes.

Les sectes

Secte vient du latin *sequere,* suivre. Dans une secte, les adeptes *suivent* un maître.

Une secte est un groupe de personnes réunies par une même doctrine à l'intérieur d'une religion ou d'une philosophie. C'est ainsi que le christianisme, par exemple, a commencé par apparaître comme une secte à l'intérieur du judaïsme. Et l'islam, comme une secte parmi les religions monothéistes issues de la Bible.

L'Association internationale pour la conscience de Khrishna s'est surtout développée aux Etats-Unis et en Europe dans les années 1970. Ses rites s'inspirent de l'hindouisme.

Le kimbanguisme est d'abord une secte, créée en 1921 dans l'actuel Zaïre, par un ancien catéchiste protestant et fils de féticheur, Simon Kimbangou. Celui-ci, considéré par les autorités belges comme un hérétique et un agitateur, passera trente années de sa vie en prison, et y mourra en 1951.
La secte est admise comme Eglise au sein du Conseil œcuménique des Eglises, en 1969.
Elle compte au Zaïre et dans les pays avoisinants environ trois millions d'adeptes.
Chaque jour, des fidèles viennent se recueillir sur son mausolée, dans la cité sainte de Nkamba-Jérusalem (ci-contre).

Le sectaire s'imagine que l'océan
a été transvasé dans son étang particulier.
Rabindranath Tagore

Mais aujourd'hui, le mot *secte* évoque surtout un grave danger d'intolérance, d'endoctrinement et d'asservissement pour des millions de jeunes ou d'adultes, victimes de leur soif d'idéal. Attirés par certains de ces groupes, ils se soumettent à des maîtres qui disposent ainsi d'une main-d'œuvre docile et bon marché : le sentiment religieux devient alors l'instrument de la pire des aliénations puisque le geôlier s'installe à l'intérieur même de son prisonnier.

Ce qui différencie la religion de la secte, outre le nombre, est son caractère *sectaire,* intolérant.

Le Coréen Moon a fondé *l'Eglise de la réunification,* qui possède à travers le monde des journaux et des centaines d'entreprises.
Sa motivation première est de combattre le communisme.
Périodiquement, le fondateur procède à des mariages collectifs de milliers de couples d'adeptes.

La secte est toujours l'autre. Nul groupe religieux ne se définit comme secte : *il est classé comme tel par rapport à une norme religieuse établie.*
Jean-François Mayer

Les religions séculières

Séculier signifie laïc, qui appartient au *siècle,* c'est-à-dire au monde profane, par opposition au religieux.

Le dogme
L'homme n'est pas infaillible. Mais il a besoin de repères infaillibles, de principes incontestables, même s'il ne peut en démontrer le bien-fondé. Ces sortes de vérités placées hors de toute discussion s'appellent des *postulats,* des *axiomes* et, en matière de religions, des *dogmes* (ou *vérités de foi).*

L'oiseau vole, le poisson nage, l'homme prie... Si l'on s'en tient à ce proverbe, l'homme serait naturellement religieux, au sens où il entretient d'inévitables rapports avec des principes supérieurs. Cela dit, s'il prie, ce n'est pas forcément Dieu ni aucune des déités qui peuplent les mythologies. Il peut même en nier l'existence, sans cesser pour autant d'être religieux.

A preuve, ces religions séculières où se retrouvent dogmes, rites, cultes de fondateurs défunts, officiants, pèlerinages, jours chômés, hymnes, liturgies, textes sacrés, lois morales, martyrs...

Parmi les idéaux laïcs les plus vénérés, citons : la science, la révolution, le progrès, la patrie et la paix; sans oublier des divinités secondaires, telles que les ovnis, les signes du zodiaque, le corps, le sport, l'information, le confort... Qui n'a pas ses idoles?

La Révolution française institue, en 1794, le culte de l'Etre suprême, religion civique à la gloire de la République.

La franc-maçonnerie

Inspirée des corporations de compagnons bâtisseurs du Moyen Age, la franc-maçonnerie se développe à partir du XVIIIe siècle en Angleterre et en France. Ni Eglise ni secte, cette institution philosophique est organisée en associations *discrètes,* ou *loges,* et composée de plusieurs courants, *les obédiences.* Son but est le perfectionnement intellectuel et social de l'homme.

Ses adeptes, les *frères,* sont recrutés par des membres déjà initiés. D'abord *apprentis,* les francs-maçons suivent un enseignement accompagné de rites initiatiques (p. 54). Ceux-ci font appel à de nombreux symboles, tels que les outils des premiers maçons, les nombres (3, 5, 7), les formes (triangle, étoile à cinq branches...). Ils présentent Dieu comme le *Grand Architecte de l'univers.* Certains courants, notamment ceux de Grande-Bretagne, l'identifient au Dieu de la Bible. D'autres rejettent cette appartenance et se déclarent *agnostiques,* refusant toute dimension religieuse.

Le franc-maçon peut franchir des grades: compagnon, maître, grand maître.

Souvent combattue par l'Eglise catholique au XIXe siècle, la franc-maçonnerie a été mise hors la loi par le nazisme. Aujourd'hui, les francs-maçons se comptent par millions dans le monde, dont quatre aux Etats-Unis.

Symboles maçonniques :
L'équerre et le compas croisés signifient l'équilibre entre la matière et l'esprit; le tablier rappelle le travail indispensable; la pierre cubique évoque les quatre éléments, et la pointe la dimension divine; la corde symbolise le lien entre tous les frères; ses nœuds forment le signe de l'infini, la tâche étant toujours à poursuivre; les branches d'acacia sont l'image de la connaissance secrète.

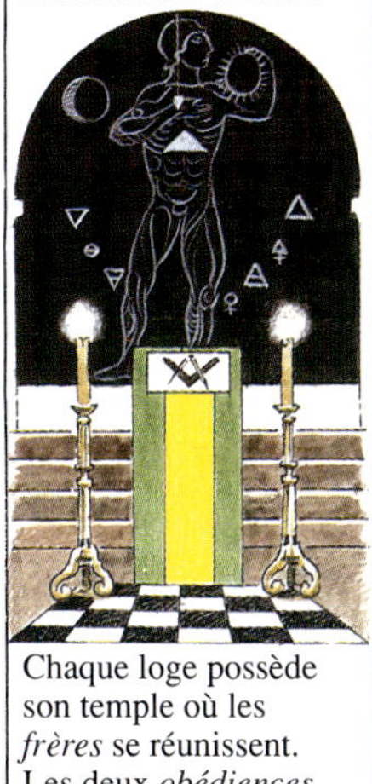

Chaque loge possède son temple où les *frères* se réunissent. Les deux *obédiences* principales en France sont le Grand Orient et la Grande Loge.

Le culte de la science

Galilée, astronome italien du XVIe s., soutient que la Terre tourne autour du Soleil.

Le tribunal de l'Inquisition (p. 161) l'oblige à se rétracter.

Au XIXe siècle, alors que l'Europe commence à s'industrialiser, certains philosophes, nourris des principes de la Révolution française, posent en dogme que le progrès humain passe non pas par la religion mais par la science.

Parmi ces penseurs *scientistes,* Auguste Comte (1798-1857) soutient que l'homme, *après l'âge théologique et l'âge métaphysique, est entré dans l'âge positif.* Pourtant, vers la fin de sa vie, le philosophe imaginera une *religion de l'humanité* où la science est une passerelle entre les hommes et Dieu. Emile Littré, auteur d'une encyclopédie, et Jules Ferry, homme politique, seront

En juillet 1969, une expédition américaine atteint la Lune. Neil Armstrong est le premier homme à marcher sur son sol.

Une nouvelle dimension s'ouvre à l'homme : l'espace, jusque-là domaine du divin.

influencés par le *positivisme,* sans y voir une religion mais une foi laïque. Le physicien Paul Langevin, fondateur, en 1930, de l'Union rationaliste, affirme que *le salut des hommes est dans l'usage toujours plus complet de la méthode scientifique*.

Aujourd'hui, la science n'est plus considérée comme infaillible ou comme rivale directe des idées religieuses. Les savants du XXe siècle redécouvrent une certaine modestie devant l'immensité des questions posées par la science. Cependant, les chercheurs, afin de conserver une morale dans leurs travaux, sont amenés à élaborer un code éthique.

L'Atomium de Bruxelles est un monument à la gloire de la découverte de l'atome.

Pasteur met en évidence le rôle des microbes dans les maladies infectieuses. En 1885, il découvre le vaccin contre la rage.

Le *positivisme* ne se préoccupe pas des causes et de l'origine des choses; il s'en tient au raisonnement et à l'observation

Dans la religion imaginée par Auguste Comte, les fêtes, les sacrements, les rites et le calendrier sont calqués sur ceux de l'Eglise catholique. On y vénère le *Grand Etre,* et un *pape positiviste* représente l'autorité suprême.

En haut de page : Caricature du positiviste Littré et de Darwin, auteur de la théorie selon laquelle *l'homme descend du singe.* (D'après A. Gill, 1878)

Les régimes totalitaires, pour endoctriner les foules et légitimer leur pouvoir, ont recours à des liturgies : à Nuremberg, Hitler déploie mise en scène spectaculaire et symboles (croix gammées, aigle germanique, bannières...) pour galvaniser le peuple; tandis que les jeunes soviétiques font serment de suivre les héros de la révolution, de la guerre et du travail, devant des faisceaux de drapeaux rouges, sur fond d'hymne national.

Les commémorations nationales sont des hommages de la patrie à ses martyrs, et un culte rendu à ses valeurs fondatrices.

Le défilé du 1er mai sur la Place Rouge, à Moscou exalte les vertus du communisme.

Rites séculiers

Dans le domaine de la vie quotidienne, dogmes et croyances sont souvent remplacés par des mythes, des idéologies, des comportements rituels qui sont des répliques de rites sacrés.

Ces mythes modernes prennent fréquemment pour héros des personnalités collectives comme le parti, le peuple, la classe sociale ou la race (comme dans le nazisme). Ce sont des créations d'artisans habiles qui ont compris que le mythe se fabrique avec les mêmes méthodes que n'importe quelle tactique de propagande et de publicité.

Entre ces idéaux et les religions, des constantes existent : la recherche d'un paradis terrestre sans pollution ni crime ; l'unité du monde s'opposant aux guerres et aux crises sociales ; le sauveur provi-

Hitler à Nuremberg.

dentiel (Bonaparte, Lénine, Mao, De Gaulle) capable de résoudre les difficultés et d'assurer un avenir heureux...

Les mythes ont leurs apôtres : animateurs et militants qui, librement et en grande partie bénévolement, travaillent pour la cause qu'ils défendent. Dans la militance révolutionnaire, on va jusqu'à affronter l'hostilité au prix de sacrifices et de renoncements pour assurer des *lendemains qui chantent*.

Dans les partis communistes européens, les *clercs* (l'appareil du parti) ont leurs séminaires de *théologie* qui les préparent à énoncer où est la vérité et à maintenir la rectitude idéologique chez leurs camarades. Ils dépistent les déviationnistes, qui sont exclus de l'*Ordre,* et dirigent le *culte* lors de réunions de travail ou de meetings.

Grèves et révolutions poursuivent un mythe de changement évoquant les recommencements du monde.

En 1966, Mao Tsé-Toung entreprend de transformer la mentalité de 800 millions de Chinois. Cultes (manifestations de masse), et grands-prêtres (les gardes rouges) veillent au respect du dogme (le Petit Livre rouge).

Le monde moderne est plein d'hommes qui s'en tiennent aux dogmes si fermement qu'ils ignorent même que ce sont des dogmes.
Gilbert Keith Chesterton

Hors du secteur politique, certains comportements apparaissent comme des ersatz (produits de remplacement) de la religion dans un monde laïcisé : cérémonial olympique, rites de passage dans l'éducation scolaire, pratique rituelle alimentaire d'apéritif, habitudes familiales des cadeaux de Noël, show-biz...

La grand-messe du sport

Il apparaît comme la nouvelle religion du peuple. Rassemblés dans ces cathédrales de béton que sont les stades pour vivre une extase hors du temps profane et quotidien, quinze mille cœurs battent au rythme des exploits de héros. On s'identifie à ces vedettes sobres, efficaces, impitoyables, à tel point que le salut personnel consiste à leur ressembler ! Gagnent-elles beaucoup d'argent ? Elles ont l'indulgence plénière du public, et notamment de ces supporters qui, la grand-messe du stade terminée, emportent comme fétiche quelques touffes de gazon où se sont cramponnés des pieds augustes. Le lendemain, ils auront pour prière matinale la lecture d'un journal spécialisé qui fera fuir un moment les spectres du chômage ou autre réalité pesante.

L'alpinisme fait rêver : semblant abolir les lois de la pesanteur, il fait grimper les archanges au ciel ; le rugby possède ses initiés au monde de l'ovale ; la télévision fait revivre par procuration sur

Cadeaux, gâteau avec bougies : fêter les anniversaires est un rite très respecté.

Pour les *aficionados,* la corrida est l'exaltation de la victoire de l'intelligence sur la force brute. Pour les adeptes de la défense de la vie sous toutes ses formes, elle symbolise la violence, la chute de l'homme, la destruction du paradis où hommes et bêtes vivaient en bonne amitié.

Du simple match à la coupe du monde, le football unit ses *fans* dans un même élan.

les rings le drame de la passion, participer, en communion avec les spectateurs, au tournoi de Wimbledon, donne accès au paradis exotique du Paris-Dakar. Si les dieux du sport sont gloutons et réclament des corps défigurés, des carcasses calcinées, c'est que la sacralisation se garantit par l'immolation sacrificielle.

La religion en compétition ?

Est-ce à dire que les liturgies politiques ou séculières se substituent inexorablement aux rites religieux ? Du tout ! Elles ne satisfont pas les mêmes aspirations, laissent parfois des goûts d'amertune et ne donnent pas pour longtemps des raisons profondes de vivre. La fête populaire ou politique ne s'oppose pas à la fête religieuse, elle en est le complément. Dans certains pays du tiers monde, les rites religieux se développent au même pas que les rites politiques, et le fait d'être un croyant n'empêche nullement d'être sportif, militant ou fan de musique pop.

L'offrande de sa vie au dieu du risque fait partie de nombreux sports.

Le briquet allumé, les spectateurs d'un concert rock communient dans une même ferveur.

La flamme olympique est le symbole de valeurs immortelles d'amitié universelle et de dépassement de soi.

Le petit lexique des religions

Les chiffres en gras renvoient aux pages où les mots sont définis.

Ablution : Purification, par l'eau, du corps ou d'une partie du corps.28, 227
Adepte 249
Adventiste 179
Afrique16, 30, 32, 54, **118-121**
Agnostique : terme d'origine positiviste (250). Celui qui refuse de croire à tout ce qui échappe à l'expérience scientifique. 249
Ambroisie (nectar d'immortalité) 201
Ame 79, 87, 102, 118, 131, 132, 240
Amulette : Objet qu'on porte sur soi et auquel on attribue le pouvoir d'écarter les maladies et enchantements.
Anathème : Sentence par laquelle l'Eglise exclue un hérétique.
Ancêtre 38, 90, 93, 100, 118, 120, 129, 137, 138, 228
Ange 38, 52, 150, 178, 184
Animaux 14, 20, 30, 34, 60, 70, 74, 90, 93, 94, 98, 118, 120, 127, 132, 150, 201, 204, 208, 223, 227, 229
Animisme 28, 38, 42, 45, 54, 56, **116-131**, 226
Apocalyse ou *révélation* (151)., désigne la fin du monde.
Apothéose désigne, à l'origine, la déification de héros après leur mort, et plus largement un triomphe.
Apôtre ou *envoyé* : disciple du Christ et quiconque le fait connaître. 152
Arbre36, 38, 46, 71, 86, 91, 123, 124, 128, 206, 227, 228, 210
Arbre de vie : Arbre symbolisant la fécondité. 37, 90
Arc-en-ciel 38, 42
Armée du Salut 179
Ascète 201, 206
Astre 94, 120
Au-delà 14, 30, 40, 44, 60, 78, 90, 102, 118, 240
Augure 105
Autel 48, 69, 75, 90, 215, 238
Avatâra, ou *descente,* désigne les incarnations de Vishnou. 204

Baptême 158, 164, 169, 176, 180
Baptiste 176
Béatitude 18, 213
Bible 14, 22, 44, 140, 168, 172, 176, 178, 246, 249
Bien 52, 91, 239
Bienheureux 38
Bodhisattva 214, 219
Bonze ou *prêtre* dans le bouddhisme. 225
Bouc émissaire 52
Bouddha (voir bouddhisme)
Bouddhisme 14, 16, 18, 24, 26, 30, 38, 46, 50, 52, 54, **210-225**, 229
Brahmân 205
Brahmane 203, 210, 212

Cabale 54, 141
Caste 212
Cathare ou *pur*, secte manichéenne du midi de la France, combattue par l'Inquisition. 91
Catéchisme ou *instruction orale* : enseignement de la foi chrétienne.161
Cène 165, 169, 177
Centaure 84
Chamane 24, 38, 129, 130, 132
Chaos 14, 50, 54, 84, 106
Chapelet 26, 219
Châtiment 52
Christianisme 16, 22, 24, 26, 28, 32, 40, 42, 44, 48, 50, 52, 54, 56, 91, 92, 120, **146-181**, 182, 246.
Ciel 66, 77, 84, 120, 123, 156, 204, 220, 226
Chiite 18, 193, **194**
Clergé : Ensemble des clercs (ecclésiastiques). 75, 156, 160, 171
Communauté 152, 154, 163, 185, 213, 217, 240
Communion : Union des adeptes d'une même foi.174
Concile : Assemblée d'évêques154, 161, 163, 175, 181.
Contemplation : Concentration, méditation, visant à l'union avec Dieu.36
Conversion ou *fait de se*

Table des matières

LES AUTEURS

Paul Balta, directeur du Centre d'Etudes de l'Orient contemporain, (p.182-197, 243) ; Jean Bottéro, directeur d'études à l'Ecole pratique des Hautes Etudes, (p.64-73) ; Catherine Chadefaud, agrégée d'Histoire, docteur en Egyptologie, (p.74-79) ; Charles Chauvin, docteur ès Sciences religieuses, (p.176-181) ; Sophie Denis, journaliste, (p.100-107) ; François-Xavier Dillmann, directeur d'études à l'Ecole pratique des Hautes Etudes, (p.94-95) ; Henri Fesquet, journaliste, (p.160-175) ; Louis Frédéric, historien de l'Asie, (p.198-225) ; Charles Gendron, écrivain, (p.96-99) ; Edouard Gourévitch, rabbin, (p.136-147) ; Pierre Grimal, directeur d'études à l'Ecole pratique des Hautes Etudes, membre de l'Institut, (p. 82-87) ; Jean Guiart, directeur du laboratoire d'ethnologie du Musée de l'Homme, (p.122-125) ; Jean-Olivier Héron, Conseil éditorial, (p. 14-57 ; 246-248) ; Clarisse Herrenschmidt, chargée de recherche au CNRS, (p.238-241) ; Philippe Jacquin, assistant à l'Université Lyon-III, (p.126-131) ; Jacqueline Kelen, journaliste, (p.244) ; Nicole Maillard, journaliste, (p.154-159) ; Jean-Pierre Mohen, conservateur en chef du Musée des Antiquités nationales de St-Germain-en Laye, (p. 62-63) ; Susan Monzon, ingénieur de recherche au CNRS, (p.108-115) ; Eric Navet, ethnologue, (p.132-133) ; Claude Rivière, professeur à l'Université Paris-V, (p.252-255) ; Harmut O.Rotermund, directeur d'études à l'Ecole pratique des Hautes Etudes, (p.226-229) ; Philippe Schlemmer, bibliste, (p.148-153) ; Marie-Joseph Stève, chargé de recherche au CNRS, (p.90-91) ; Christian Troubé, journaliste (p.249-251) ; Denis Vialou, préhistorien, (p.60-61) ; Vladimir Vodoff, directeur d'études à l'Ecole pratique des Hautes Etudes, (p.92-93) ; Hyacinthe Vulliez, journaliste, (p.118-121, 245) ; Wang Chia-Yu, assistant à l'Université Paris-VII, (p.230-237) ; Slimane Zéghidour, historien (p.80-81, 88-89).